重建安全感的25個練習

療癒關係中的焦慮不安
給自己永恆的幸福

Overcoming Fear of Abandonment and
Building Lasting, Loving Relationships

蜜雪兒・史金 博士／著　王冠中／譯
Michelle Skeen PsyD

Love Me, Don't Leave Me

目錄

【推薦序】領著你走出被遺棄的恐懼 15

【前言】不論過往如何，你都值得擁有長久有愛的關係 19

1 別離開我！了解你的遺棄恐懼 27

遺棄恐懼的成因 30

挖掘深植你心的核心信念 34

展開自我更新的旅程 47

2 你相信什麼？辨識五個核心信念 49

1. 遺棄核心信念自我評量 52
2. 不信任和受虐核心信念自我評量 56

3 是什麼阻礙了你？頭腦與關係的陷阱 75

3. 情感剝奪核心信念自我評量 60

4. 缺陷核心信念自我評量 64

5. 失敗核心信念自我評量 68

檢視你的自我評量結果 72

頭腦如何誘導你進入情緒陷阱裡 77

練習1 辨識你的行為反應 83

認知扭曲使你以錯誤的方式回應當下 86

關係陷阱置你於有害的互動中 89

練習2 辨識身邊有害的人和其行為 94

練習3 辨識會觸發你核心信念的行為 99

練習4 當核心信念被觸發時，你如何反應 105

練習5 檢視關係觸發因素 106

4 如何從固有的反應模式中脫困？

與當下的自己同在 111

當過往的故事阻礙你臨在當下

練習6 從過去的經歷中抽離 113

透過正念，將眼目定睛於現在 115

練習7 正念呼吸 117

對觸發事件的反應 119

練習8 掌控你對觸發事件的反應 122

培養對當下的覺察力 123

練習9 正念散步和喝茶（咖啡） 125

正念讓你停止習慣性的行為反應 127

練習10 觀察你在人際問題中慣有的行為反應 131

練習11 找出破壞關係的核心信念 132

133

5 你重視什麼？找到改變行為的動機 139

消除非必要的痛苦 140

承認並接納痛苦的情緒 143

練習⑫ 觀照想法和情緒的流動 146

與自身的核心價值連結 148

練習⑬ 辨別你的價值觀 150

6 你在想什麼？了解你的心思意念 159

停止嘗試控制負面想法 160

練習⑭ 為你的想法命名 166

練習⑮ 放掉你的想法 168

和難以處理的想法保持距離 170

練習⑯ 透過價值觀跟難以處理的想法拉大距離 170

7 為什麼你有這樣的感覺？穿越情緒的迷霧

內在批評者的角色

練習⑰ 疼惜你的內在小孩 182

培養自我疼惜、善待自己的習慣 177

當下的情緒是過往經歷的反射 186

練習⑱ 看清當下的痛苦是過往記憶的重播 188

接受情緒的本質 191

你的因應策略造成的代價 193

練習⑲ 辨識你的無益因應行為和其代價 194

將注意力從痛苦的感受上移開 197

練習⑳ 製作分散注意力計畫 210

8 你可以做些什麼？從慣性回應到有自覺的改變 213

覺察你的行為模式 214

練習 21 連結你的行為和價值觀 217

做相反的事 223

練習 22 做相反的事 229

鍛鍊心理彈性 234

9 你可以說些什麼？六種避開人際陷阱的溝通技巧 237

1. 自我揭露 239

練習 23 自我揭露 248

2. 用心聆聽 250

練習 24 找出你的聆聽阻礙 256

3. 表達需求 261

練習 25 確認你的需求 264

10 開始約會了！然後呢？給新關係的提示和策略 275

4. 確認 267

5. 同理 271

6. 道歉 272

觀察對方的核心信念 277

留意交往過程的警訊 281

比較兩人的價值觀 284

持續走在創造和改變的路上 286

【附錄】三種依附形式 288

參考資料 294

好評推薦

「走出樹林的方式,就是找到一條穿越樹林的路——找到方法走出根深柢固的遺棄恐懼,發展出建立、維持和享受長久有愛關係的能力。在《猜疑、掌控、緊黏,為何你總是缺乏安全感?》裡,蜜雪兒・史金很熟練地打造了這樣一條道路。透過技巧與同理心,史金引導讀者經歷一段旅程,強化自我認知和自我發掘,最終帶來所需的個人轉變,讓讀者也能享有長久有愛的關係。」

——莉莎・羅伯邦(Lissah Lorberbaum)
文學碩士,《愛的焦慮:如何管理自己的焦慮、降低衝突、與伴侶重新連結》
(Anxious in Love: How to Manage Your Anxiety, Reduce Conflict, and Reconnect with Your Partner)共同作者

「《猜疑、掌控、緊黏,為何你總是缺乏安全感?》冒險進入艱難的領域,探究你最具挑戰性的關係。蜜雪兒・史金提供你一個不可或缺的地圖,明確指引一條新的道路,帶領你療癒自己,並且發展

「在這本富有洞察力和同理心的書裡，蜜雪兒・史金勾劃出當今世界處理關係議題時的兩個關鍵層面：她請讀者深入自己的內心去化解那些不斷帶來挫敗關係的因素，完全了解到重大的改變首先要從自己內在做起。有些人一直無意識地投入會觸發過去負面經歷的伴侶關係當中，對此，她亦明確指出有什麼樣的陷阱正等著這些人。她的文筆非常簡潔而且清晰明瞭，文中也包含許多很棒的練習，給予讀者確實做出正向改變的機會。」

——蘭迪・岡瑟（Randi Gunther）

哲學博士，臨床心理學家

著有《關係破壞者》（Relationships Saboteurs）與《當愛失足時》（When Love Stumbles）

出聰明與健康的方式與他人互動。這本書會提供你明確的工具來調整你的核心價值。閱讀這本書，感覺就像和一位溫暖關懷的治療師面對面交流。拉把椅子來感受史金帶給你溫暖與同理的指引吧！」

——蕾貝卡・E・威廉斯（Rebecca E. Williams）

哲學博士，臨床心理學家

《成癮症的正念治療手冊》（The Mindfulness Workbook for Addiction）共同作者

Love Me, Don't Leave Me　　10

「對那些因為遭遺棄的陰影而感到心累的人來說，《猜疑、掌控、緊黏，為何你總是缺乏安全感？》是本完美的書。對那些覺得沒有人會真正愛他們的人來說，這本書是很強大的資源。對於那些因為追求著捉摸不定、不可靠、或純粹就是得不到的伴侶而感到筋疲力竭的人來說，這也是很理想的一本書。透過蜜雪兒・史金富有同理心且簡明清晰的獨特風格，她將迅速協助讀者找出遺棄模式的核心。此書提供了擺脫被遺棄拖累的方式，並且為創造有愛、自在且滿足的關係，提供了實實在在的解答。」

——肖恩・T・史密斯（Shawn T. Smith）

心理學博士，著有《用男人的思維和男人談戀愛》（The Woman's Guide to How Men Think）與《大腦在作怪》（The User's Guide to the Human Mind）

「透過同理且有愛的清晰文筆，蜜雪兒・史金引導我們走出由自我貶低以及恐懼所構成的內在迷宮，並且在內心深處發覺自己一直是夠好的，了解到我們不再需要跨越那些我們在生命中設下的種種障礙，就能夠擁有愛。這本書適合每一個人，讓大家都能找到並生活在長久有愛關係的喜悅和滿足裡。」

——史帝夫・弗勞斯（Steve Flowers）

婚姻與家庭治療師，著有《害羞中的正念之路》（The Mindful Path through Shyness）

「這本書提供了一條優雅的自我了解之路，藉此創造一生有愛的關係。我竭誠推薦這本書給所有因為愛而受苦的人。」

——傑森・B・費雪（Jason B. Fischer）

文學碩士，執業心理諮商師，著有《愛的兩個真相：出色關係的藝術和智慧》（The Two Truths about Love: The Art & Wisdom of Extraordinary Relationships）

「蜜雪兒・史金的《猜疑、掌控、緊黏，為何你總是缺乏安全感？》是本充滿智慧的書。她運用健全的練習和列表，協助因被遺棄而受苦的人找到他們的觸發因素，並培養出健康關係的正念溝通技巧。想要了解自身需求的人，以及想要學習如何透過想法和情緒來改善關係的人，都應該讀這本書。」

——塔米・尼爾森（Tammy Nelson）

哲學博士，心理治療師，國際演說家，著有《新單一配偶制》（The New Monogamy）等書

「終於有一本書很有技巧地探討在問題關係中經常被忽視的層面——遺棄恐懼。這本書會邀請你踏上這段旅程，去擁抱人性中最基本的層面——我們與他人的連結，以及當這個連結斷裂時會發生的事情。蜜雪兒・史金很熟練地帶領你去全面探索，藉此檢視你的人際連結經歷——或者各種缺乏連結的

Love Me, Don't Leave Me　　12

經歷——會讓你在關係中遭遇哪些困難。關係中有許多受苦的情況都是源自遺棄恐懼，然而卻很少有相關資訊去協助那些在生活中面臨這項課題的人。在這本書中，蜜雪兒・史金給予了強大的洞察力，而且最重要的是，她也提供了工具，協助你成功引導出恐懼在關係中呈現的方式。現在，拿出鉛筆來，開始閱讀並且按照指示做練習吧。你會很高興自己這麼做的。」

——湯瑪斯・羅伯茲（Thomas Roberts）

臨床社工師，心理治療師，著有《正念療法手冊》（The Mindfulness Workbook）

獻給那些給予我無條件的愛與支持,
並且改變我生命軌跡的人。

——蜜雪兒・史金

【推薦序】領著你走出被遺棄的恐懼

多年來我發現,療癒過程中出現的一些讓人極度不舒服的情境,都和已失去或預期會失去親密伴侶的客戶所承受的痛楚有關。這種重大的關係斷裂所造成的強烈痛苦悲傷情緒,對一些人來說,可能造成無法承受的感受,像是遺棄、背叛、玩弄和情感剝奪等。有時,這些感受可能轉變為有問題且對自己不利的因應行為,例如持續的自責、頑固地克制自身的需求和權利、逃避、神經兮兮地黏著伴侶、無止盡的猜疑、反覆思索著要修復關係或施以報復,以及最糟糕的是可能出現強烈的抑鬱、焦慮、甚至自我傷害。

這對那些在童年時期或長年經歷失去、忽略、施暴,以及感覺自己不值得被愛、不受歡迎、或不夠好的人來說,特別具有挑戰性。因應的方式——通常在我們發展的初期,當重要的

情感需求無法被滿足時,就形成了因應的模式——伴隨我們的生理因素,可能深植在我們大腦的求存系統中,當我們面臨可能的威脅時,就會成為我們的自動反應機制。在某些情況下,像是遭到伴侶的冷落,那些很久以前曾經經歷過的孤獨、羞愧、自卑、遺棄、拒絕、或不信任等令人無法忍受的感覺就會遭到觸發。這可能會導致因應模式迅速啟動,而雖然這些因應模式在年幼時可能有些幫助,但諷刺的是,現在反而會弄巧成拙,甚至更加深了痛苦絕望的感受。在蜜雪兒·史金這本出色的著作裡,你將會看到對這些情境的詳盡描述。

在我治療自戀患者的過程中,經常會遇到自戀者的伴侶(亦即被傷害的一方),他們除了感到自卑和不值得被愛之外,也持續面臨可能會失去這位強勢又貶低他人之加害者(儘管有時很迷人)的威脅。在這樣的個案裡,如果被傷害的人年幼時也有遭到照顧者虐待或遺棄的經歷,那麼對於這類失去親密關係的預期,在她成年後會引發一種超出合理程度的恐懼和憂傷,進而產生這類的感受和信念:「這根本天崩地裂……真的被我那愛批評的媽媽說對了,她老是說我不管做什麼就是不夠好。」「或許是我活該……我的兄姊(或同儕)老是在逗弄我和霸凌

我，是因為我很害羞……或者因為我很聰明……或者因為我戴眼鏡……或許這就是我的人生故事。」她淚流滿面，心碎地說著這些話。

我很高興我親愛的友人和同事蜜雪兒‧史金博士寫了這本出色又重要的作品。蜜雪兒一直是個充滿熱忱的基模療法（一種循證治療模式）執業者和教育者。現在，她用優雅的文筆以及清晰易懂的練習，為眾多不幸經歷過遺棄和分離之痛的人，明白闡述了這個議題。

多年來，史金博士專精致力於臨床處理關係議題。透過基模療法，她為讀者提供了一種周延且明確的輔助引導，幫助了解治療過程與有效的策略，藉此改變習慣性且毀滅性的偏差人生模式。

作者專業精湛地描述了如何使用正念覺察的技巧來找出因應模式，輔以經驗技巧來與內心脆弱掙扎的部分產生同理連結。史金博士深入探討了認知和行為策略，幫助卸除心靈的重擔，並且調整偏頗的想法、情緒和行動。書中提及的個案和小故事肯定會引起你的共鳴，包括在處理羞愧、不信任、自卑和遺棄等議題時會出現的特有或常見狀況。

17　【推薦序】領著你走出被遺棄的恐懼

我很榮幸也很有信心地推薦《猜疑、掌控、緊黏,為何你總是缺乏安全感?》一書給所有因為擔心害怕遭到伴侶遺棄而苦苦掙扎的人,也推薦給所有在這人生旅程中忽視了(或者還沒適當鼓勵)自己最強大夥伴的人;這個最強大的夥伴,就是無可比擬的「真相揭露者」——你健康的內在聲音!

——溫蒂・T・比哈里(Wendy T. Behary)

臨床社工師、國際基模治療學會(ISST)會長

著有《解除自戀者的武裝》(*Disarming the Narcissist*)

【前言】不論過往如何,你都值得擁有長久有愛的關係

踏上不被遺棄恐懼控制的旅程

你是否因為遺棄恐懼而受苦?你或許很清楚地意識到這種恐懼,抑或你可能有些不安地感覺到這種恐懼正在影響著你的人際關係和生活。現在讓我們來看看,遺棄恐懼可能對長久有愛關係造成阻礙的一些方式。

你是否覺得自己必須要很完美,否則就會被排擠?你是否為了避免孤獨而忍受批評或其他的情緒霸凌?你是否隱藏了真實的自己,因為你覺得別人會發現你不夠好?你是否因為簡訊、電子郵件或語音留言沒有立刻收到回覆而感到恐慌?你是否在感覺某人變得疏離時就會變得特

別黏人或要求很多?或者你會在別人離開你之前,選擇自己先離開?你是否試圖透過全心投入工作,或者用食物、酒精、藥物來麻痺自己,藉此逃避深沉的遺棄恐懼?他人不在身邊,不管有無原因,是否會讓你陷入慌亂?你是否待在一段不健康的關係裡,只因覺得有伴侶總好過孤獨一人?或者你會逃避伴侶關係,只因你擔心要面對最終必然的結果──你會被遺棄?

這些想法和恐懼可能引發強烈且痛苦的情緒──羞愧、悲傷、孤獨、渴望、憤怒和焦慮。這些情緒可能感覺難以忍受,而想要擺脫或削弱這些情緒的慾望,可能造成你仿效過去曾經奏效的行為舉止。然而,當你在評估生命中的人際關係時,你可能會發現你的行為模式已經不再有效了。你會知道這點,是因為你並沒有得到你想要的關係。同時,要擁有健康、長久且有愛的關係,這個目標對你來說似乎遙不可及,或是你覺得你必須花非常多的心力才能達成,而你並沒有這樣的時間和精力投入其中。我全都了解。覺得降低預期和希望比提高衝勁和決心來得容易是很正常的,特別是和「心」有關的事情,因為我們經常害怕會受傷或失望。當你覺得這一生已經經歷過夠多情感上的痛苦,你或許會問自己,冒險讓自己變得脆弱,到頭來卻換來更

Love Me, Don't Leave Me

多可能的痛苦經歷,這麼做是否值得。我們都知道那種讓我們覺得傷心、孤寂、誤解、不被愛、不安全、以及渴望更多(但未必相信自己值得得到更多)的關係所帶來的痛苦。許多人並不知道投入一段讓自己覺得被愛、有價值、被了解、被珍惜、被尊敬、以及自己的缺點和一切都被賞識的健康關係當中,是什麼樣的感覺。

要是你可以把自己的恐懼,以及你對自己、對他人、對關係的信念,放在一個新的背景脈絡下來看,讓你能夠遠離你的過去,並建立持久且有愛的關係呢?要是你可以學習新的方式來處理痛苦的情緒與負面的想法呢?要是你選擇的行為模式可以讓你更接近你渴望擁有(但又害怕永遠不會有)的健康關係呢?

關於本書

這本書是設計來協助你了解並接受自己並沒有錯。你的恐懼以及你對自己、對他人、對世界的信念,都是童年和青少年時期經歷下的產物,而這一切經歷都是你人生故事的一部分,包

括那些痛苦的經歷，以及它們帶給你的訊息。當你想到要聚焦在過去痛苦的事件上，你可能會覺得焦慮和害怕。儘管我們的過去都是以某種形式一直跟隨著我們──不管是像影子一樣潛伏著，或者像陽光一樣敞開著──很重要的是，我們要把這些過去的事件放到適當的觀點裡檢視。這本書的其中一個目標就是協助你和這些事件、人生故事、以及伴隨而來的一切，包括你的想法、情緒和行為反應等，形成新的關係。不管有意識或無意識，你和你人生故事的關係都在干預著你擁有渴望的人際連結。

本書的最終目標是要帶領你走出過去，讓你能夠投入一段關係裡，而不再被恐懼所控制。在第一章，我們會檢視遺棄恐懼。你或許知道你有遺棄恐懼，但這一章會帶領你覺察這種生理上根深柢固的恐懼有哪些面向。我也會介紹並說明另外四種很深沉的信念（我們稱之為「核心信念」），這些信念通常與遺棄恐懼有很密切的連結，包括不信任和受虐、情感剝奪、缺陷和失敗。這一章和這整本書都會透過故事來生動描述這些核心信念。

Love Me, Don't Leave Me   22

在第二章，你會做五個簡短的評量，藉此辨識以及更深入地檢視與這五項核心信念有關聯的一般信念。在第三章，你會看到對於常見陷阱（頭腦、行為和關係）的解說和檢視，這些都是可能給你帶來更多痛苦的陷阱。前三章會讓你更加覺察自身的人生故事，包括你的信念，以及你對引發你核心信念的情景會做出的行為反應。

第四章到第八章會有一些概念的介紹，還有一些練習，可以協助你培養必要的技巧來遠離你的人生故事。這些技巧包括正念；放掉你無法改變的事物；辨識並投入能豐富人生的價值觀；以及更深入了解你的想法、情緒和行為，包括發展出新的方式來看待它們以及和它們互動。第九章會介紹溝通技巧，這是發展和維持健康長久關係的關鍵元素。最後一章則是設計來協助你探索約會時具挑戰性的層面，包括在可能的伴侶身上要留意的警示訊號。

我深思熟慮地仔細設計這趟旅程，使其成為同理、有愛、而且具挑戰性的旅程。我了解你的痛苦。有許多我自身的經歷也穿插在這本書的故事裡。我已經走過了這趟旅程，而且我可以向你保證，你在做這些具挑戰性的練習時，那些時不時會感受到的情緒不適，最後都會得到值

得的回報，也就是擁有健康、長久、有愛的關係。我們都會經歷痛苦，而不幸的是，這是人類處境的一部分。我想要協助你減少受苦——減少那些我們在處理無法避免的痛苦時，有意無間會產生的感受。這個過程需要覺察與改變。我的希望是，透過這個過程讓你能夠與自己培養出有愛的關係，並且褪去羞愧的外衣，不再因為羞愧而讓你深陷過去之中，進而影響到你的現在。

這個過程需要一些努力。有時你會感覺很有挑戰，特別是當你要去檢視那些不健康的想法、行為和情緒時。這本書裡包含的練習是設計來協助你更接近你所渴望的健康關係。你需要做紀錄來完成練習，並且追蹤自己的進展。你有三個選項：一、買一本日記或筆記簿；二、連結我的網站上的線上日記功能（http://www.michelleskeen.com），或者使用其他網站上的線上日記功能；三、下載每項練習所提供的 PDF 電子檔案（可在 http://www.lovemedontleaveme.com 網站上找到），把它們列印出來收在筆記本或文件夾裡。書寫和記錄可以協助你專注聚焦，並且把所有的資料集中在同一個地方，讓你有機會注意到自己的行為模式，反思自己的價

Love Me, Don't Leave Me   24

值和體驗，並且列出你的進展。你可能會經歷停滯或面臨挑戰的階段，在這樣的階段裡，將過程記錄下來是很有幫助的，如此一來，你就可以回頭看自己寫過的東西，並且慶祝自己已經達成的進展。

我戴的手環上刻了一句話：「重點不在於你選擇了哪條路，而是你在過程中成就了什麼。」

讓我們開始展開這段旅程吧……

1

別離開我！
了解你的遺棄恐懼

童年的經歷會創造我們的故事,而這些故事會在這一生中餘波盪漾。你會來讀這本書,可能就是因為在你的故事中,有一部分包含了遭遺棄的經歷。某個對你很重要的人,可能是你的媽媽、爸爸、繼父繼母、保母、兄弟姊妹、或是同儕,他們可能經常不在或有很長一段時間不在、陪你的時間不穩定或無法預期、給你的愛是有條件的、失聯、讓你孤單一人、搬走、或是死亡。你可能在寄養家庭長大,或者父母之中有一人或兩人酗酒、吸毒,或者照顧者有精神疾病、情緒不穩定、或是純粹不適合扶養小孩。或許你爸媽離婚了,抑或可能受到過度保護。不管你童年的環境或經歷如何,有上述任何一種情況(或兩種以上)都可能讓你覺得分離、孤獨,亦即遭到遺棄。

在新生兒和孩童時期,我們的生存需要仰賴關係連結。我們依賴照顧者給予我們安全感和保護。對於會失去這種關係連結的恐懼,是一種健康的人類生存本能反應。

如果遺棄恐懼是你故事中的一部分,那麼你很可能會覺得自己被這種恐懼以及伴隨而來的想法和情緒給困住。你可能也會覺得被自己反覆出現的行為反應給困住──也就是當你在面對

Love Me, Don't Leave Me　　28

遺棄恐懼所引發的負面想法和情緒時，會習慣性自動出現的行為模式。你可能發現自己會受到類似於童年時經歷過的關係互動和環境所吸引。你是否會受到具有以下特質的人吸引，即使這種人會讓你覺得自己很糟糕：愛拒絕、愛批評、反覆無常、施暴、情緒不穩定、有疏離感、冷漠、混亂、或矛盾？當你面臨有壓力的情境時，你是否會變得黏人、百依百順、憤怒、玩弄、責怪、苛求、批評、或控制？或者你會退縮、孤立、板著臉、麻痺自己（例如用藥、酗酒、暴飲暴食）、轉移注意力（例如購物、性、冒險、賭博）、或者切割關係？你的核心信念讓你困在傷害性的情緒、想法和行為當中，讓你無法得到你渴望擁有而且也值得擁有的幸福與健康的親密關係。

假如你可以踏上一段旅程，而這段旅程能給你一套工具讓你走出自身的故事，把你故事中的權力和控制拿掉，讓你了解你的遺棄恐懼和其他核心信念，讓你能覺察引發這些核心信念的情境和關係，讓你學習到如何不帶批判和控制地去觀察你的負面想法，並且培養出能力，讓你在經歷負面情緒時，不會急忙做出各種行為反應。假如你可以辨識自我價值，並透過自我價值

第 1 章　別離開我！了解你的遺棄恐懼

遺棄恐懼的成因

你的遺棄恐懼舞台是由你無法控制的因素所設置的。關於你的遺棄恐懼（和其他核心信念）的故事，是結合了你的先天（性情）因素和環境因素所帶來的結果。這些都是你在孩童時期無法掌控的條件。而你現在或許會感覺這些因素所造成的信念正在控制著你。很可能你在面臨有人要離開你或者你會孤獨一人等情境的威脅時，會感受到負面的情緒。這些情緒可能包括對某個無法陪伴你的人發怒，當你在意的人離開時會感到悲傷，當你不得已有求於人時會感到羞愧、當你面臨不確定感時會很焦慮、或者害怕你交心的人最終會離開你。你可能會疑惑為何

來驅動有益的新行為模式，發展出新的溝通技巧和工具，並且改變你對自己和他人的看法。假如你能夠擁有健康、恆久且充滿愛的關係——那是不是很棒呢？

我想邀請你踏上這段自我覺察、自我了解、自我發掘、以及愛自己的旅程，而我會擔任你的引導。我承諾會在你需要時溫柔地推你一把，同時也會給予你值得擁有的同理和理解。

Love Me, Don't Leave Me   30

自己會有這樣的感覺。你的感受大致可以區分為先天或後天。在探討你的遺棄恐懼成因時,透過「依附形式」(後天因素,也就是你與照顧者的關係,包括你與照顧者的關係)和「性情」(先天因素,也就是你天生的特質)來看先天和後天因素會很有幫助。(關於依附形式更詳細的說明,請參考附錄。)

遺棄恐懼與早期依附關係之間有強烈的關聯。但就算是安全型依附的孩童,也有可能發展出遺棄恐懼的核心信念,或者發展出本書討論的其他核心信念(不信任和受虐、情感剝奪、缺陷、失敗)。這可以由小孩的性情、家庭的問題(與家庭裡其他成員的感受不同)、或是童年晚期或青少年時期發生的「創傷」來說明。所謂的創傷可能包括與主要照顧者之間的關係破裂,例如死亡、離婚,或者雖出現另一位主要照顧者,卻在生理和心理上都給予較少的安全感。

對任何人來說,不管在任何年紀,基本的安全感都是發展安全型依附的關鍵元素。這也就是為什麼遺棄恐懼會強大到不可思議的地步。這源自於攸關生死的需求。在嬰兒時期,如果你

31　第1章　別離開我!了解你的遺棄恐懼

被棄之不顧，你是無法活下來的。你的生命、你的生存，都需要依靠另一個人。在你的主要關係中感到焦慮和不安全是非常可怕的。這樣的恐懼會侵蝕你生命中的所有事物──如果你的焦點完全放在生存，你大概不會有能力去聚焦在其他的事物上，你肯定也不會有餘裕帶著處理衝動和慾望的能力來面對並回應緊張的情況。對不安全依附的孩童來說，每個緊張的情況都是威脅生命的危機。你沒有時間去評估深思熟慮的選項以確立回應方式，而是必須迅速且自發地做出反應。在生理上，我們面臨威脅時的回應方式是戰鬥、逃跑、或僵住，藉此避開死亡；我會在第三章進一步討論這部分。在這一章，我們要來看「性情」這個影響因素。

性情

性情是決定你會如何與他人以及周遭世界連結的重要因素。你的基因組成可能會增加你面臨廣泛性焦慮症、抑鬱症、恐慌症、或社交恐懼症的風險。這可能會增加你罹患邊緣型人格障礙的機率。邊緣型人格障礙的形成，通常是生理因素與環境因素的極致結合。罹患邊緣型人格

Love Me, Don't Leave Me　32

障礙的人，更容易接受到環境中的感官刺激。無疑地，他們對環境的敏感度再加上不安全的環境（例如在童年或青少年時期遭到遺棄、破碎的家庭、家庭溝通不良、或性侵）——包括不安全的依附——會導致邊緣型人格障礙〔根據達克沃斯（Duckworth）和弗里曼（Freedman）二○一二年的研究，每二十至二十五人中就有一人符合此條件〕。或者，你可能符合作家伊蓮・艾融博士（Dr. Elaine Aron）對高敏感族（highly sensitive person, HSP）的定義。她指出，有大約十五至二十％的人口有這種特徵（Aron, 1999-2013）。有這種特徵的人會很敏銳地覺察到其環境中的細微事物，這也可以是一種能力資產。但另一面則是，高敏感族更容易有被淹沒的感覺，這可能使得他們會比不屬於高敏感的人更容易有強烈的情緒性反應。你有可能是因為某種體質或性情，讓你在情感上更顯脆弱。然而，你也可能因為遺棄恐懼而受苦，但沒被診斷出來，而當遺棄恐懼被觸發時，你可能就會感到焦慮、抑鬱和恐慌。

現在，讓我們來看看我們核心信念的源頭和定義。

挖掘深植你心的核心信念

你在嬰兒時期、童年時期和青少年時期的經歷會帶來印記，形成你的基模（schema）。基模──或核心信念（這是我在本書中所使用的名稱）──是協助組織並理解我們周遭資訊和事物的一種架構。每個人都有核心信念。我們帶著這些核心信念進入成年生活，而這些核心信念會引導我們對於自己、對於他人、以及對於世界的觀點。核心信念有助節省時間，因為它們能夠協助我們評估所面臨的情境。不幸的是，和大部分我們擁有的配備一樣，它們總是存在著短路的可能性。

這是它們可能出錯的地方：我們的核心信念，其用意是要根據過去的經驗來預測現在和未來的經歷，藉此保護我們；但如果你的童年經歷是有害的，那麼你對現在和未來的觀點也會反應出這一點。在此情況下，你的核心信念基本上是你根據成長過程中被對待的方式和接收到的訊息，對自己和他人所形成的負面想法。這些負面想法每次被觸發時都很令人痛苦，而且會帶

Love Me, Don't Leave Me   34

著極大的情緒衝擊。

核心信念本質上是兩面性的：黑與白、負面與正面。這讓我們能夠很容易地把經歷作分類：這個是好的，那個是不好的。一種經歷越常出現，你需要消化處理的時間就越少，你的習慣性想法、情緒和行為就會自動出現。即使在沒有全部資訊的情況下，我們的核心信念還是會擔任預測者。這可能意味著你會對一個人或一個情況草率做出定論，因為你對那人做什麼和那情況會如何發展都有自己的一套預期。舉例來說，如果你面對一個看起來很無聊或心不在焉的人，你可能會認定這人遲早會離開你。

傑弗瑞・楊博士（Jeffrey Young, PhD）在研究「早期適應不良基模」（early maladaptive schemas, EMS）的概念時，詳盡說明了基模的架構。這是一個結合十八種基模的群組，是由童年和青少年時期的核心需求未被滿足、或者有害的童年經驗造成的結果所形成的基模。在《基模療法：執業者指南》（Schema Therapy: A Practitioner's Guide, 2003）一書中，楊博士定義早期適應不良基模為：「一種概括、普遍的主題或模式；由記憶、情緒、認知和身體感知所組

35　第1章　別離開我！了解你的遺棄恐懼

成；關於自己和自己與他人的關係；在童年或青少年時期發展出來；終其一生會持續演進；嚴重程度的失衡狀態。」

關於你的核心信念如何影響你的行為故事。你的故事裡會有一段獨白在你的腦袋裡演出——詮釋經歷、評判他人、並且預測結果。這用意是要協助你保護自己免於危險。但是當你對自己有著負面的信念，而且你的獨白中也包含負面的想法，問題就出現了——你的行為會反映這些負面的觀點。這就是我們為何會陷入核心信念帶來的無益行為反應循環而且無法脫身的原因（第三章會進一步討論）。

我們在本書要探討的主要核心信念是關於遺棄。除了遺棄之外，我也點出了另外四項核心信念（這五項都存在傑弗瑞・楊博士的早期適應不良基模裡），我相信這四項信念都是遺棄信念的「幫凶」。這是什麼意思呢？從本書的探討目的來看，這些所謂的幫凶，就是和遺棄這項核心信念祕密共謀來強化你的信念和恐懼的其他核心信念。當我們的核心信念還保留在無意識和未能覺察的狀態，危險性會比較高。那四項可能引發遺棄恐懼或可能被遺棄恐懼引發的核心

Love Me, Don't Leave Me 36

信念，分別是不信任和受虐、情感剝奪、缺陷、以及失敗。那麼，要終結你的遺棄恐懼，第一步就是要辨識你的核心信念，並且讓它們浮上意識層面。以下是這些核心信念的定義：

- **遺棄**：因為身體或情緒上的損失所形成的核心信念；缺乏情感支持或情感連結；或者身處不穩定或不可靠的環境。

- **不信任和受虐**：童年形成的核心信念，來自與受虐（言語、肢體、或性）、背叛、羞辱、或操弄有關的經歷。有這項核心信念的人會預期別人會傷害他、虐待他、羞辱他、欺騙他、操控他、或利用他。

- **情感剝奪**：認為他人不會適當滿足自身慾望，也不會給予正常程度情感支持的核心信念。有以下三種形式的情感剝奪：

    1. 剝奪滋養：缺乏關注、情感、溫暖、或陪伴。
    2. 剝奪同理：缺乏了解、傾聽、自我披露、或者和他人相互分享感受。

37　第 1 章　別離開我！了解你的遺棄恐懼

3. **剝奪保護**：缺乏力量、方向、或來自他人的指引。

- **缺陷**：此核心信念會讓人覺得自己有缺陷、不好、沒人要、或在重要領域不如人，或者認為如果自己的「缺點」暴露了，別人會覺得他們不討人喜歡。這些缺點可能很私密（例如不值得被愛、祕密的性慾望）或很公開（例如讓自己不自在的身體特徵或行為）。

- **失敗**：造成一個人感覺自己不足或無能，而且終究會失敗的核心信念。當和他人比較時，這人會覺得自己很失敗。這人不管有任何成就，都會覺得自己是個冒牌貨。

在第二章，你會做一項評估測驗，藉此協助你辨識你本身的核心信念。接下來，我們來看看這五項核心信念，並聽聽那些活生生展現這些信念的故事。

1. 遺棄核心信念

帶著遺棄的核心信念，你的想法可能包括：愛我的人會離開我或過世；從來沒有人真正陪

伴著我；我最親密的人很捉摸不定；最終我將孤單一人。

艾娃就有遺棄核心信念，讓我們來聽聽她的故事：艾娃是獨生女，由單親媽媽扶養長大。艾娃的母親在她出生前就和艾娃的生父分居了。艾娃從未見過生父。她最早的記憶是和媽媽的男朋友鮑勃一起去公園。她還記得當媽媽告訴她再也見不到鮑勃了，她哭得有多傷心。那種失去的痛苦一直伴隨著艾娃。她下一段深刻的依附關係是跟羅斯。羅斯和艾娃以及艾娃的媽媽同住了五年，但這五年是一段情緒劇烈起伏的日子。當羅斯陪伴艾娃時，他們玩得很開心，但羅斯和艾娃的媽媽經常為了錢爭吵，也經常為了羅斯不願意結婚而吵架。每次大吵之後，羅斯就會失蹤好幾天，這讓艾娃很困惑，也很擔心不知道他什麼時候回來、或者會不會回來。在艾娃整個童年和青少年時期，艾娃的母親持續跟不同的男人有著不穩定的關係，最短只維繫了幾個月，最長有五年之久。

艾娃於是發展出遺棄核心信念，因為她的生命中持續的失去父親這個角色。

2. 不信任和受虐核心信念

如果你有不信任和受虐的核心信念，你的想法和經歷可能包括：我總是被親近的人傷害；如果我不保護自己，我就會被別人利用；我信任的人曾經對我施加言語或肢體暴力、或性侵我。

寇特妮就有不信任和受虐核心信念，以及遺棄核心信念。這是她的故事：寇特妮是獨生女，父母非常寵愛她。她從小在富裕的環境中長大。她的家族是康乃狄克州有錢有勢的名門望族，勢力甚至遠播該州之外。當然不乏其他有錢人家，但她的家族有個受尊敬和景仰的祖先，而這不是每個人都有，也不是每個人都能了解的。大家都覺得寇特妮的童年一定有如童話般美好。他們對外呈現的形象，確實讓人欣羨。她的父母也向所有人明確表示，他們心中的第一順位是女兒，儘管他們還身負著家族慈善信託、事業和社會義務等責任。

寇特妮的父母知道如何取悅周遭所有的人。但在門禁森嚴的林蔭大道盡頭，那幢有著十呎

Love Me, Don't Leave Me　　40

高桃木雕花大門的豪宅裡，寇特妮的父母就不是那樣的風趣和慈愛了。他們在派對之後還是繼續酗酒，而且會變得非常刻薄。當他們吵架吵累了之後，就會開始數落寇特妮，為了一點點小事而嚴厲斥責她。儘管寇特妮對此已有所預期——父母人前把她當成手心裡的寶，人後又把她當作垃圾般對待——但責罵還是會讓她感到驚嚇和衝擊，而且那些話語讓她感覺心如刀割。

當寇特妮的父母罵完之後，總會有個保母來安慰寇特妮，是讓寇特妮覺得安全和被愛。不幸的是，當寇特妮的父母覺得她太依賴保母時，他們就會無預警地開除保母。他們還會煞有介事地告訴寇特妮，保母因為不喜歡照顧她，所以辭職了。在她十八歲前，已經換過了十五個保母。

對寇特妮來說，她的不信任和受虐核心信念，是源自於父母對她殘酷批評的結果。她也發展出遺棄核心信念，因為她一再經歷失去照顧者的過程，也就是她的保母——那些她所依賴的人。

3. 情感剝奪核心信念

如果你有情感剝奪的核心信念，你的想法可能包括：我覺得很孤單；我沒有得到我需要的愛；我的生命中沒有人真正關心我、沒有人滿足我的情感需求；我跟任何人都沒有情感連結。

瑪德琳就有情感剝奪核心信念，以及遺棄核心信念。這是她的故事：當瑪德琳在談論自己的童年時，她很溫情地描述她的父母。表面上聽起來，這好像是個關於藍領階級一家六口的勵志故事，由於父親的勤奮以及母親的堅強和毅力，他們過著美國夢一般的生活。瑪德琳的父親在公司裡的晉升歷程，聽起來就像一九五〇年代的老掉牙故事——他在二十歲時進收發室，當時妻子是家庭主婦，正懷著他們的第一個孩子。接下來十年裡，他們陸續生了四個小孩，而瑪德琳的父親也一路升到了中階管理職位。瑪德琳記得，她的父母透過自身的言行教導她最重要的事情是：努力工作與服侍上帝。她也記得，從來沒聽過父親或母親說過「我愛你」。瑪德琳曾有最後一次機會能聽到母親對她說出這句她很渴望聽到的話。母親臨終前，瑪德琳最後一次

Love Me, Don't Leave Me 42

陪伴她時，她跟母親說了她愛她。遺憾的是，她母親並沒有回應她的這句話——她只是微微一笑，閉上眼睛，撒手人寰。那時瑪德琳十五歲。

之後，她繼續專注在中學的學業上，想成為家裡第一個上大學的人，給父親一個驚喜。當瑪德琳收到好幾所大學的錄取通知時，她對自己的成就感到非常驕傲，而她想像著父親也會同樣感到驕傲。但當她聽到父親回她說：「你如何支付得起學費？」原本興高采烈的心情瞬間轉為失望的情緒。

瑪德琳的情感剝奪和遺棄核心信念，是源自於失去母親、情感需求沒得到滿足，以及缺乏情感的連結和支持。

4. 缺陷核心信念

如果你有缺陷的核心信念，你的想法可能包括：如果別人真的了解我，他們就會拒絕我；我不值得被愛；我對於自己的缺點感到羞愧；我對人呈現虛假的形象，因為如果別人看見真實

43　第1章　別離開我！了解你的遺棄恐懼

的我，他們就不會喜歡我了。

艾莉就有缺陷和遺棄核心信念，讓我們來看看她的故事：在艾莉的生命中，當她看見關係很親密的姊妹時，都會感受到一絲絲的嫉妒。她很渴望能夠和比自己大十八個月的姊姊擁有那樣的親密關係。儘管艾莉已盡最大的努力要創造這樣的關係，但就是沒辦法成功。她們姊妹之間的差異是無庸置疑的──艾莉又高又瘦、聰明且風趣，而她的姊姊潘則屬於矮胖型，雖然同樣很聰明，但有種帶刺的性格。她們的母親總是比較偏愛潘。是否因為她們的身型相似，總是在煩惱體重問題？還是因為母親和潘的憤怒情緒有共鳴，反映出她長年以來的怨懟心情？有時感覺她們很鄙視艾莉，因為艾莉的新陳代謝快而且又愛笑。

相反地，艾莉的父親很寵愛她。他們都比較外向，兩人在一起時總是很歡樂。當父親在身邊時，生活就會輕鬆許多。然而，父女倆的關係後來變得有些複雜，因為艾莉進入青春期，開始出現一些成長獨立過程中經常會犯的錯誤：錯過規定的回家時間、收到超速罰單、喝酒被逮到。她不再是父親的完美小女兒，而且她也發現當父親對她感到失望的時候，他就會迅速抽離

Love Me, Don't Leave Me　　44

5. 失敗核心信念

如果你有失敗的核心信念，你的想法可能包括：我的同儕大多比我成功；我不像我生命中的其他人那麼聰明；我對於自己比不上別人而感到羞愧；我沒有任何特別的天賦。

萊拉就有失敗和遺棄核心信念。這是她的故事：萊拉出生在紐約。她的父母在他們接近二十歲時從印度移民到美國，兩人都就讀紐約大學醫學院，後來也都成為深受尊敬的醫生。萊拉在曼哈頓上東城區長大，從幼稚園到中學讀的都是對學業要求很嚴格的知名學校。她的父母既聰明又成功，而且期望萊拉也能夠跟他們一樣。學校的同學和老師都很喜歡萊拉。事實上，從她開始上學後，就一直都在受歡迎的群體裡。然而，她的學業表現就差強人意了。她在幼稚

他的關注和關愛。在這些情況下，她反而會異常地獲得母親和姊姊更多正面的關注。她總是覺得自己有什麼問題。如果她太「完美」，媽媽和姊姊就會疏遠她；如果她變得較「不完美」，就輪到爸爸疏遠她。她一直覺得自己有缺陷，老是被家裡的某個人遺棄。

園的第一次標準化測驗成績排名五十二%。萊拉的父母很擔心她的成績，於是安排了和校長會面，討論萊拉的測驗成績可能造成的影響。當他們聽到考試成績不佳有可能是因為萊拉當天狀況不好、或是她不熟悉標準化測驗的形式所導致的，這才稍微鬆了一口氣。校長也跟他們保證說，萊拉在課堂上並未展現出有學習障礙的跡象，因此不需要把她送去檢查是否有學習或發展上的問題。萊拉的父母告誡她要更用功念書。他們很肯定有自己的基因遺傳，只要萊拉夠努力，成績一定能名列前茅。

但到了五年級結束，第六次標準化測驗的結果出爐，萊拉和父母甚至已經不再討論成績的問題。她一直都是「成績中等」的學生。更糟糕的是，萊拉的朋友都有大幅的成長，結果她成了群體中進步最少的人。萊拉在朋友當中仍然很受歡迎，而且她整個求學生涯一直都是最受歡迎學生群體中的一員。她畢業時沒有獲得榮譽狀，但她和所有的同學一樣都上台受頒文憑。萊拉的父母並沒有出席畢業典禮。

萊拉發展出失敗核心信念，是因為她覺得自己比不上班上其他的同學。她的遺棄核心信念

Love Me, Don't Leave Me　　46

則是因為她父母給予的愛和接納是有條件的。

以上這些故事或許沒有引起你的共鳴，但希望你能同理這些人，同情他們沒能從親近的人身上獲得情感滿足的處境。

展開自我更新的旅程

對你自身的核心信念有所覺察是非常重要的，這樣你才能更了解自己，也更了解為何自己在某些關係上總是既受挫又痛苦。透過檢視你的童年和青少年時期經歷來發掘你的核心信念，可能是個痛苦的過程，它會引發憤怒、羞愧、孤獨、悲傷、焦慮和罪惡感等情緒。記憶會引發強大的反應。但要記得，這段旅程並不是要去責怪自己或別人，而是要去找到並理解自己的故事，這樣你才能走出這故事，去發展新的溝通和行為模式。我們每個人都會覺得被困在自己的故事裡。

你無法改變你的過去，但你可以透過了解過去來展開自己的旅程。讓我們開始吧！

47　第 1 章　別離開我！了解你的遺棄恐懼

2
你相信什麼？
辨識五個核心信念

你的人生故事融入了童年和青少年時期的記憶，包括想法、情緒和感受，這些故事是不會改變的。努力想改變過去，只會讓你覺得無助和沮喪。但去了解你的故事以及它如何影響現在的你，會產生很大的影響，因為你確實有能力改變現狀，以及改變你未來的關係模式。

辨識你的核心信念會提供你必要的資訊去了解，當某種讓你想起童年痛苦經歷的情況或互動過程觸發了你的這些信念時，你的內心在當下發生了什麼事。這會打下基礎，讓你能更好地了解自己的核心信念如何引導你對這些觸發事件的反應（這個主題會在第三章做詳細的討論）。

在你填寫自我評量（由楊博士和克羅斯克博士（Klosko）於一九九三年設計的評量做修改），以及完成後續練習的過程中，要記得，其結果會因為你的心智狀態而有所不同。如果你覺得童年的經歷距離你很遙遠或抽離，你得到的分數可能不會正確反映你的核心信念。理想的狀態是，你處在一個能夠連結童年經歷的心智狀態中。人們在不同時間或不同心智狀態下做這個評量，然後得出大為不同的結果，是很常見的情況。這沒有對或錯，只要盡力而為即可。我

Love Me, Don't Leave Me　50

會在每項核心信念自我評量的結尾分享一些額外的考量因素。（我建議你可以到網站上下載評量表檔案列印出來，然後把評量表和你的紀錄本放在一起，以方便在回顧和反思時使用。網址為：http://www.lovemedontleaveme.com。）

1. 遺棄核心信念自我評量

如先前所討論的，遺棄核心信念是源自於察覺到你所依賴可獲得支持或關係連結的人，是不穩定或不可靠的。此信念認為，你生命中重要的人無法提供情感支持、連結和保護，因為他們在情緒上不穩定、陰晴不定、不可靠或不常出現、和／或將死亡、抑或為了他人而放棄你。

請用以下的標準為後面的敘述評分：

1分：完全不符合我的情況
2分：大部分不符合我的情況
3分：符合情況略高於不符合情況
4分：中度符合我的情況

Love Me, Don't Leave Me　52

5分：大部分符合我的情況

6分：完全符合我的情況

1. 我非常擔心我愛的人會過世或離開我。
2. 我很黏人，因為我害怕他們會離開我。
3. 我沒有很穩定的支持基礎。
4. 我老是愛上無法一直堅定陪伴我的人。
5. 我生命中的人一直都來來去去的。
6. 當我愛的人疏遠我時，我會感到絕望。
7. 我很堅信我的愛人會離我而去，所以我會先把他們趕走。
8. 我最親近的人讓人捉摸不透。有時他們會陪伴我，但下一秒又離開了。
9. 我太過需要別人。
10. 最終，我一定會孤獨一人。

總分：_____

53　第 2 章　你相信什麼？辨識五個核心信念

把每一項敘述的分數加總起來，就是你的總分。

10—19分：非常低。這項核心信念或許不適用於你。

20—29分：相當低。這項核心信念可能偶爾適用於你。

30—39分：中等。這項核心信念是你生命中的一項議題。

40—49分：高。這對你來說肯定是個重要的核心信念。

50—60分：非常高。對你來說，這是個強大的核心信念。

＊註：如果你的分數偏低，但有至少一項敘述的分數為5分或6分，那麼這個核心信念仍是你生命中的一項議題。

奧黛麗說：「我在這項核心信念的分數很低，但我知道這個信念是我生命中一種很強大的感受，而且會影響到我的關係。我的家人都在我的生命中陪伴著我，但我卻不是排在很高的順位，他們有時候要好幾天、甚至好幾週才回我電話。所以我在這方面確實會有被遺棄的感覺。在我與他人的關係裡，這種感覺也會蟄伏在我的腦袋裡。」

很有可能你剛剛確認了你早已經知道的事情──你有個核心信念認為自己會被遺棄。就如我在第一章說明的，核心信念可能會有幫凶。除了遺棄核心信念外，你可能還有其他的核心信念，而當那個信念被觸發時，也會同時觸發你的遺棄核心信念。

第 2 章 你相信什麼？辨識五個核心信念

2. 不信任和受虐核心信念自我評量

不信任和受虐核心信念是四個常見的幫凶之一。如果在你成長的環境裡，你不信任和你親近的人，你不覺得安全，而且／或者你曾遭到肢體、言語、情緒和性侵等虐待，那麼你很可能會有不信任和受虐核心信念。

請用以下的標準為後面的敘述評分：

1分：完全不符合我的情況
2分：大部分不符合我的情況
3分：符合情況略高於不符合情況
4分：中度符合我的情況
5分：大部分符合我的情況

6分：完全符合我的情況

1. 我預期人們會傷害我或利用我。
2. 在我的生命中，我曾被親近的人虐待。
3. 我愛的人遲早會背叛我。
4. 我必須保護自己並且保持警覺。
5. 如果我不小心一點，別人就會占我便宜。
6. 我會測試別人，看看他們是不是真的站在我這邊。
7. 我會在別人傷害我之前先傷害他們。
8. 我害怕讓別人親近我，因為我預期他們會傷害我。
9. 我對他人做過的事情感到憤怒。
10. 我本應信任的人曾對我施以肢體、言語或性暴力。

總分：_____

把每一項敘述的分數加總起來，就是你的總分。

10—19分：非常低。這項核心信念或許不適用於你。

20—29分：相當低。這項核心信念可能偶爾適用於你。

30—39分：中等。這項核心信念是你生命中的一項議題。

40—49分：高。這對你來說肯定是個重要的核心信念。

50—60分：非常高。對你來說，這是個強大的核心信念。

＊註：如果你的分數偏低，但有至少一項敘述的分數為5分或6分，那麼這個核心信念仍是你生命中的一項議題。

如果你在這項核心信念的分數很低，但你感覺這項核心信念是和你有關的，那你可能需要額外檢視一些童年的情況，這麼做或許會讓你感覺這項核心信念對你來說是很重要的。

Love Me, Don't Leave Me　58

- 你可能曾經覺得父母對你隱瞞應該跟你分享的資訊。
- 家庭成員之間可能有些祕密。
- 你的家庭裡可能缺乏開放的溝通。
- 有種無形的不信任氛圍。
- 你在最脆弱的時候卻遭到批評和譏笑。
- 你受到同儕的霸凌、嘲笑、或羞辱。

梅莉莎說:「在此評量中,我沒有任何大部分符合或完全符合的狀況,但我確實記得曾對我的第一任男友說過我不想約會,因為我和男人在一起很不自在。我不信任男人,而且我不想要受傷。」

所以,跟著你的感覺走吧。雖說自我評量是個很棒的工具,它經過實測而且很可靠,但還是要相信你的直覺本能,因為可能有些經歷並不在你的覺知之內。

3. 情感剝奪核心信念自我評量

情感剝奪是遺棄核心信念的另一個幫凶。如果在你的成長環境裡，你沒有獲得情感支持、關注、關愛、引導、或理解，那麼情感剝奪或許是你的核心信念之一。

請用以下的標準為後面的敘述評分：

1分：完全不符合我的情況
2分：大部分不符合我的情況
3分：符合情況略高於不符合情況
4分：中度符合我的情況
5分：大部分符合我的情況
6分：完全符合我的情況

Love Me, Don't Leave Me

____ 1. 我需要更多的愛。

____ 2. 沒有人真正了解我。

____ 3. 我經常受到不能滿足我需求的冷漠伴侶所吸引。

____ 4. 我跟最親近的人也常覺得很疏離。

____ 5. 我愛的人都不願跟我分享自己的事情,也不真正關心我的事情。

____ 6. 沒有人給我溫暖、擁抱我、或關愛我。

____ 7. 沒有人真正願意聆聽我,了解我真實的需求和情感。

____ 8. 我很難讓別人來引導我或保護我,雖說這是我內心很渴望的事情。

____ 9. 我很難讓別人來愛我。

____ 10. 大部分時候我都很孤單。

總分：____

把每一項敘述的分數加總起來,就是你的總分。

10—19分：非常低。這項核心信念或許不適用於你。

20—29分：相當低。這項核心信念可能偶爾適用於你。

30—39分：中等。這項核心信念是你生命中的一項議題。

40—49分：高。這對你來說肯定是個重要的核心信念。

50—60分：非常高。對你來說，這是個強大的核心信念。

＊註：如果你的分數偏低，但有至少一項敘述的分數為5分或6分，那麼這個核心信念仍是你生命中的一項議題。

如果你覺得這是你生命中很重要的核心信念，但你的分數卻比預期的低，那麼你可能要思考以下這些可能帶給你這類感受的童年情境：

- 你覺得和手足相比，你得到的愛比較少。
- 你的父母非常親密恩愛，以至於你覺得自己被冷落了。
- 你的感受和家人很不同（「我常懷疑自己是領養的」），所以你覺得

Love Me, Don't Leave Me

> 不被理解、不被愛。
>
> - 你和同儕的感受可能不同，而且缺少童年和青少年時期一般會有的那種朋友關係連結。
> - 你有種感覺，好像別人的需求和情感都比你的需求和情感重要。
> - 你的感覺或經歷並不被重視或認可。

維若妮卡說：「我覺得我的父母很慈愛，但我並不覺得我有獲得我需要的愛。而且我的生命中並沒有人真正了解我的感受，沒有人真正理解我。」

4. 缺陷核心信念自我評量

缺陷核心信念通常和遺棄核心信念形影不離。如果你覺得自己很糟糕、沒有價值、有缺陷，如果你覺得要是有人看到真實的你，他們一定會覺得你不值得被愛而且會排擠你，那麼你很可能就有缺陷核心信念。

請用以下的標準為後面的敘述評分：

1分：完全不符合我的情況
2分：大部分不符合我的情況
3分：符合情況略高於不符合情況
4分：中度符合我的情況
5分：大部分符合我的情況
6分：完全符合我的情況

Love Me, Don't Leave Me   64

1. 如果有人真正了解我，他們就不會愛我了。
2. 我有天生的瑕疵和缺陷。我不值得被愛。
3. 我有不想和人分享的祕密，即使是和我最親近的人。
4. 父母不愛我，是我的錯。
5. 我隱藏起真實的自己。真實的我是不被接受的。我展現的是虛假的我。
6. 我總是被批評和拒絕我的人吸引，包括父母、朋友和情人。
7. 我經常會去批評和排擠別人，特別是可能愛我的人。
8. 我會貶低自己正面的特質。
9. 我對自己有著很大的羞愧感。
10. 我最大的恐懼之一就是我的缺點會曝光。

總分：_____

把每一項敘述的分數加總起來，就是你的總分。

10—19分：非常低。這項核心信念或許不適用於你。

20—29分：相當低。這項核心信念可能偶爾適用於你。

30—39分：中等。這項核心信念是你生命中的一項議題。

40—49分：高。這對你來說肯定是個重要的核心信念。

50—60分：非常高。對你來說，這是個強大的核心信念。

＊註：如果你的分數偏低，但有至少一項敘述的分數為5分或6分，那麼這個核心信念仍是你生命中的一項議題。

對很多人來說，這是很重要的核心信念，可以是對缺陷的內在感受或外在感受。你有可能在這個評量的分數很低，但你會知道那種缺陷的感受是存在你內心的。以下是一些你可能會有共鳴的情況：

- 某個身體特徵讓你覺得丟臉或成為他人嘲笑的目標。或者有其他的東西讓你覺得很不自在，而且你會害怕被別人發現。
- 你可能因為性別認同或性向等議題而受苦。
- 你受到家庭成員或同儕對待的方式，讓你覺得自己有問題。
- 你是被領養的小孩，但家中其他小孩都是養父母親生的，或者你和養

- 父母不同種族，因此你覺得自己不如人。
- 你可能永遠無法擺脫一種感覺，那就是，你的生母會把你送養一定是你有什麼問題。
- 你的興趣與主流不同，因此讓你覺得自己異於常人。
- 你童年曾受疾病或失調症之苦，因此你一直覺得自己有問題。

上述任何一項經歷或是其他經歷，都可能讓你覺得自己有缺陷核心信念。因此要再次強調，請信任你的本能直覺，即使你的自我評量分數很低。

艾蜜莉說：「我一直在培養我的自尊心，我想這也是我的自我評量分數較低的原因。在理性上，我知道我不是有缺陷的人，但當我處於情緒較脆弱的狀態時，還是會有那種自己有缺陷的感覺。因此，我還是會把它當作是我的一個核心信念。」

67　第 2 章　你相信什麼？辨識五個核心信念

5. 失敗核心信念自我評量

失敗核心信念可能是遺棄核心信念的幫凶。如果你覺得自己很失敗，覺得自己必定會失敗，覺得自己比不上同儕，因為你不夠聰明、不夠有才華、不夠成功，那麼你很可能就有失敗核心信念。

請用以下的標準為後面的敘述評分：

1分：完全不符合我的情況
2分：大部分不符合我的情況
3分：符合情況略高於不符合情況
4分：中度符合我的情況
5分：大部分符合我的情況

6分：完全符合我的情況

1. 我覺得在成就方面，我的能力比別人差。
2. 我覺得談到成就，我是個失敗的例子。
3. 和我同年紀的人在工作上都比我成功。
4. 我是個失敗的學生。
5. 我覺得我認識的人大部分都比我聰明。
6. 我在工作領域的失敗表現讓我覺得很丟臉。
7. 我在別人身邊會覺得很羞愧，因為我的成就不如人。
8. 我經常覺得別人太高估了我的能力。
9. 我覺得自己沒有任何在生活中有用的特殊才能。
10. 我的工作表現不及我的潛能。

總分：_____

把每一項敘述的分數加總起來，就是你的總分。

10—19分：非常低。這項核心信念或許不適用於你。

20—29分：相當低。這項核心信念可能偶爾適用於你。

30—39分：中等。這項核心信念是你生命中的一項議題。

40—49分：高。這對你來說肯定是個重要的核心信念。

50—60分：非常高。對你來說，這是個強大的核心信念。

＊註：如果你的分數偏低，但有至少一項敘述的分數為5分或6分，那麼這個核心信念仍是你生命中的一項議題。

如果你的評量分數很低，但你覺得自己很失敗，那麼不妨思考以下這些可能造成這項核心信念的因素：

• 你的父母很成功、富裕、有成就、有才華、有名氣，相形之下讓你覺得自己很失敗。

• 你的父母對你有不切實際的期望（例如你上幼稚園的時候，父母就說

Love Me, Don't Leave Me

- 你會讀哈佛）。

- 你的兄弟姊妹都很迷人、有才華、很成功。

這些可能是真的，也有可能只是你自己的認知。無論如何，這都是你所相信的，因而會造就這項核心信念。

艾倫說：「不管用什麼人的標準來看，我都很成功，而且前途光明，但我的父母對於成功定義的期望非常高，也非常固執，所以在他們眼中，我依然是失敗的。這讓我在心靈深處仍深信自己很失敗，儘管在理性上我知道我是成功的，而且也很滿意自己的職業選擇。」

恭喜！你已經完成自我評量的部分。如果你有筋疲力竭的感覺，可以先好好休息一下。當你準備好進一步檢視你的評量結果時，我們再繼續下去。

檢視你的自我評量結果

現在你已經完成了自我評量，讓我們花幾分鐘來檢視你的分數。你會需要用到紀錄本。（小提醒：你的紀錄本可以是日記本或筆記簿，或是 http://www.michelleskeen.com 或其他網站的線上日記；或者你可以在 http://www.lovemedontleaveme.com 網站下載這項練習和其他練習的PDF檔，並用活頁簿集中整理。）

看看你給3分、4分、5分和6分的敘述。把這些敘述記錄下來，並且在每項敘述之間留下一些空間來加上註釋，然後思考以下幾個問題：

- 你是否記得關於這些敘述的特定經歷或事件？
- 你是否記得當時的感受為何？
- 你現在的感受如何？

Love Me, Don't Leave Me　　72

現在，你已經知道哪些核心信念對你很重要。在下一章，我們會看看你的核心信念是如何被觸發的。我們也會來了解頭腦與關係的陷阱，它們是你對自己與對他人信念的共謀。我們也要來看，我們在經歷恐懼時，生理上會如何給予自己保護——恐懼孤單和被遺棄、恐懼被傷害和背叛、恐懼得不到你想要的愛、恐懼失敗，以及恐懼被認為是有缺陷的。這些恐懼造成痛苦的情緒以及相對應的行為反應，破壞了關係。當你了解了為什麼自己會有這樣的反應，你就能開始改變自己的行為反應循環，也就是無益的行為模式。

- 和你有共鳴的敘述是否讓你察覺到自己生命中的任何模式？任何行為模式？
- 任何關係模式？
- 是否有任何結果讓你很意外？

在你的紀錄本中寫下你的答案。

73　第2章　你相信什麼？辨識五個核心信念

你的核心信念有些特質，使得這些信念很難加以克服，但並非不可能，只是很具挑戰性。這些信念堅定不移，因為你深切地認定這些就是關於自己、他人和環境的真相。這些信念很難改變，因為它們是從童年以來就根深柢固的信念。而受到觸發的行為反應似乎也確認了這些核心信念，更加鞏固它們，因而強化了你的故事。這個循環看似永無止盡。好消息是，你能夠停止你對這些情境的反應方式，你能夠建立更好的關係。「行為」是我在本書中討論的議題之一。這是能夠有所改變的一個關鍵領域，這樣的改變能讓你脫離你過去的故事，而不是繼續活在那故事裡。

核心信念也具有預言性——你使用這些根據過去經歷形成的信念來預期一個關係的未來。

再一次，這是我們能夠促成改變的另一個領域。核心信念會被緊張的社交互動情況所觸發，而且核心信念是很情緒化的，當它被觸發時，會帶來強烈的恐懼、羞愧、焦慮、絕望、沮喪、迷失、悲傷等情緒。本書裡有工具能夠協助你了解並管理這些無法避開的痛苦情緒。

現在，讓我們來看看頭腦與關係的陷阱。

Love Me, Don't Leave Me　　74

3

是什麼阻礙了你？
頭腦與關係的陷阱

在你確認了自己的核心信念之後，我們要更進一步來看這些核心信念和你的頭腦以及關係如何互動。儘管你先前可能已經對這些重要的核心信念有些概念，但自我評量的過程或許讓你對這些信念有了更深刻的覺察。現在讓我們來看看，你的故事會如何帶著這些主題和核心信念，影響你對特定人物、情境、以及有壓力的人際互動做出反應。我們會探索你天生的特質如何影響你的經歷和體驗。首先，我們先思考一下，一個雪景球能如何讓你對自己的故事有更好的切入點。

我愛雪景球。在那顆玻璃球裡有著地標、城市風景、讓人想起特定時光與經歷的場景，以及伴隨而來的許多珍藏記憶。我的女兒凱莉有一顆雪景球，裡頭是舊金山一些著名的地標——泛美金字塔、金門大橋、科伊特塔、倫巴底街和一輛叮噹車。當她把雪景球拿起來搖一搖，裡頭的場景就像醒過來般，開始下雪，感覺真的很神奇。這會讓她想起在舊金山的經歷。現在，想像一下裝載你的故事的雪景球——重現你那糟糕的童年和青少年時期，把那些經歷凍結在時空裡。當你的核心信念受到觸發時，感覺就像搖晃了那顆雪景球，突然間，你的故事和那些場

Love Me, Don't Leave Me　　76

頭腦如何誘導你進入情緒陷阱

我們的頭腦總是在偵測任何危及我們安全與生存的潛在危險和威脅，而且會把焦點放在這些潛在危險和威脅上。這是人類物種得以存活的主要原因，所以這也算是好事。然而，當有任何情境使我們覺得受到威脅時，我們的頭腦也可能造成我們過度反應。讓我們來仔細看看，你的頭腦會如何把你誘導進入陷阱裡。

景都被啟動，活躍起來。這會讓你想起那些經歷的痛苦回憶，以及負面的情緒、想法與不舒服的感受。你的童年已經過去了，但當前的情境觸發了你的故事，讓你覺得好像又回到童年時期。因此你的自然本能——保護自己的生理需求——也會被觸發，你會展現一種用來擺脫這些痛苦想法和情緒的行為反應，但這些行為卻只是讓你感覺更糟。

77　第3章　是什麼阻礙了你？頭腦與關係的陷阱

戰鬥、逃跑、或僵住反應

當你的故事被觸發時，你的大腦會處於高度警覺的模式，彷彿你的生命正受到威脅。這個被認定的生命威脅，事實上也綁架了你大腦中稱作杏仁核的部分。杏仁核是大腦中內側顳葉的一個架構，形狀就像一顆杏仁，在人類的情緒上扮演很重要的角色。近期的研究顯示，杏仁核與我們的恐懼反應有關聯。「長久以來，我們知道杏仁核扮演了引導我們情緒的角色。但這些研究顯示，杏仁核可能扮演了更廣泛的角色，它顯然與形塑我們的社交生活有關──也就是牽涉到我們如何對其他人做出反應和互動。」(Alvarez, 2011)

杏仁核控制了我們的戰鬥、逃跑、或僵住反應。當我們感受到威脅時，它可能會有不理性的反應。被我們視為威脅的刺激物，從眼睛或耳朵傳送到視丘，並在被傳送到新皮質之前就直接先傳到了杏仁核。在理性的大腦有時間處理這些資訊之前，這個生存的機制就已經做出了反應。重點就是：這證明了我們並不瘋狂！我們的反應只是杏仁核在善盡它的職責。我們大腦情

Love Me, Don't Leave Me 78

緒的部分綁架了理性的部分,即「杏仁核劫持」!丹尼爾‧高曼(Daniel Goleman)在其著作《EQ》(*Emotional Intelligence*)中描述,杏仁核劫持是這樣運作的⋯當我們體驗到強烈的情緒(例如恐懼等),它會蓋過我們的理想思考,並且引發對我們有害而非有益的行為。

所以,這與核心信念有什麼關聯呢?當我們處在一個情境裡或在從事互動時,一個眼神、一句話、或者一個動作觸發了我們其中一個核心信念,我們的記憶就會啟動,接著釋放出強大的負面情緒,引發我們的戰鬥、逃跑、或僵住反應。這個我們與生俱來的系統,實際上造成我們在關係中的問題:我們的行為反應好像是自己正面臨死亡威脅,但實際上卻只是情緒的傷害。當然,那種情緒傷害的感覺很糟糕,但還不至於置我們於死地。

行為反應

現在,我們要從現代因應行為的角度,來看我們的戰鬥、逃跑、或僵住反應。我們的原始反應是「有適應性的」(好的)或「有益的」;我們的現代反應則是「適應不良的」(不好的)

79　第3章　是什麼阻礙了你?頭腦與關係的陷阱

或「無益的」。要記得，基模在大多數情況下都是有幫助的。但在前兩章裡，我們提到了傑弗瑞・楊博士的適應不良基模，這些基模是我們童年早期與青少年時期經歷情緒傷害的結果。到了成年時，這些負面的核心信念扭曲了我們觀看這個世界的濾鏡，而且會根據過去的事件來預測現在與未來的事件。因此，適應不良基模會帶來無益的行為反應。這些行為的問題在於，它們只能短暫緩解情緒的痛苦。但長期來看，這些行為會損害你的人際關係，最終造成更多的痛苦情緒（請繼續讀下去，在第五章和第七章會有關於額外痛苦情緒的更詳細說明）。當我們陷入無益的循環或模式裡，很重要的是要讓一切浮上覺察意識的層面，才能辨別哪些地方可能做出改變。

現在，讓我們來看看楊博士（2004）提出的十個常見的因應行為。這些行為會用我們的戰鬥、逃跑、或僵住反應來做分類。我也把它們稱作是「行為反應」。對觸發核心信念的事件所做出的「戰鬥」行為反應包括：

1. **侵略或敵意**：以責怪、批評、挑戰、或抗拒的方式做出反應。

Love Me, Don't Leave Me　80

2. **主導或過度堅持己見**：以試圖控制他人來達成自身目的的方式做出反應。

3. **尋求認同或尋求地位**：透過努力讓人刮目相看，或透過高成就和地位來獲取注意力，藉此作為回應。

4. **操弄和利用**：試圖不讓他人知道你在做什麼來達成自身的需求。這可能涉及誘惑他人，或者對他人不完全真誠。

5. **被動攻擊或反抗**：表現出順從，但實際上透過拖延、抱怨、動作慢吞吞、擺臭臉、或表現差勁來做出反抗。

6. **順從或依賴**：在反應的行為中，你會發現自己依靠他人、讓步、依賴、被動、避免衝突、以及試圖討好他人。

「僵住」行為反應包括：

「逃跑」行為反應包括：

7. 社交退縮或過度自主：反應行為會導致自己在社交上孤立，以及與他人切斷連結、抽離。你可能看起來過度獨立且自食其力，或者你可能從事獨自一人的活動，例如讀書、看電視、使用電腦、或者獨自工作。

8. 強迫性尋求刺激：透過強迫性的購物、性、賭博、冒險、或體能活動來尋求刺激和分散注意力。

9. 成癮性的自我安慰：這類反應行為會透過藥物、酒精、食物、或過度自我刺激來尋求安慰。

10. 心理退縮：透過切割關係、否認、幻想、或其他內在的退縮形式來逃避。

我要再加一個行為反應——強迫。「強迫」行為反應代表著帶有遺棄核心信念的人經常會有的行為：黏人和追逐。要記得，我們的行為通常是試圖避免被丟下——被遺棄——因此，這

Love Me, Don't Leave Me 82

可能涉及黏著那個你害怕會離開你的人,或者追著那個人到處跑。

練習 1

辨識你的行為反應

你已經熟悉了一些常見的因應行為或行為反應,現在是來辨別那些對你很重要的行為模式的時候了。在你的紀錄本中寫下你對下面這個問題的答案:在這些行為中,哪些是你對核心信念觸發事件的反應方式?

艾瑪有遺棄和情感剝奪核心信念,她的行為反應是逃跑,特別是過度自主和成癮性的自我安慰。我們來看看她的故事:艾瑪的遺棄恐懼源自父母離異。她覺得她家好像遭到炸彈攻擊

83　第3章　是什麼阻礙了你?頭腦與關係的陷阱

過一樣，後來她和媽媽以及兩個弟弟搬到一個只有兩間房的公寓，那裡只有原本的家四分之一大。她爸爸是一家《財富》評選全球五百大企業的財務長，他辭掉了工作，因為他突然領悟到自己一直生活在謊言裡。那個謊言是他結婚十九年，有三個小孩，但事實是他喜歡男人，而他這一生都在否定這件事。艾瑪接受了父親的性向，但她卻很難接受他的覺醒對她的世界造成天翻地覆的影響。

父親的戲劇性人生轉折來得不是時候，因為艾瑪才剛升上高中三年級。她原本已經把大學申請計畫和準備工作鉅細靡遺地規劃出來，但她現在被迫要搬到空間較小的新家，而且需要額外增加申請財務援助和獎學金的耗時工作。由於父親的待業狀態，使得離異的父母必須分割資產，並且以自身的儲蓄過活。艾瑪的父母都沒有能力照顧她的情緒，因為他們兩人都忙著摸索新的生活領域。艾瑪的母親深陷悔恨之中，每晚沉迷在酒精裡，而艾瑪的父親則是在探索單身和「出櫃」男子的新生活。

艾瑪真希望那時自己已經進入大學，因為她待在家裡的最後一年是在狹小擁擠的公寓中度

Love Me, Don't Leave Me　　84

過，而且沒有來自父母的支持和指引。如果她有時間的話，她真的很想哭，但她太忙於要讓自己上上大學，好把這一切噩夢拋在腦後，重新出發。

當艾瑪上了大學——和父母距離四小時飛行距離、相差兩個時區——她覺得自己可以遠離所有的問題和那對只關心自身的父母。她是個喜愛玩樂的派對女孩，帶著一種「不多問、不多說」的態度。她不想談論太多關於自己家庭生活的細節，也不去過問他人家裡的情況。她只維持著和他人的表面關係。她喝酒的量很快就超出一般派對女孩的水準。艾瑪試著要躲開遭父母遺棄所帶來的痛苦感受，喝酒導致她和許多不同的男生勾搭上，而她甚至不記得那些男生的名字。

艾瑪以為她是在保護自己免於再次經歷父母離婚造成的那種痛苦情緒。她對自己說：「如果我不接近任何人，我就不會被他們的離開所傷害。」但她還是很痛苦，而且透過不符合她真實本質的行為模式，造成更多的痛苦。

這些對強烈負面情緒所產生的行為反應是可以理解的，但這些行為並無濟於事。事實上，

85　第 3 章　是什麼阻礙了你？頭腦與關係的陷阱

認知扭曲使你以錯誤的方式回應當下

這很簡單，也很有道理：你的想法會受到你的核心信念所扭曲。這些扭曲狀態在強化與永久延續你的核心信念上扮演很重要的角色，它們會觸發防禦性的反應，並且造成負面的互動。

當一項核心信念被觸發時，不管是一句評論、一個類型的人（請見本章稍後的「哪些類型的人會觸發你的核心信念」）、或者一個讓你想起過去經歷的情境，你的濾鏡都會讓這些人、事、物能夠套入你的故事裡。這種扭曲會誘使你把這評論、這個人、或這個情境連結到你以前經歷過的感受。這種扭曲確認了你的經歷，同時也有效地忽視或否定任何和你的核心信念相互矛盾的資訊。若對此沒有覺察，可能就會造成一種負面且自我挫敗的行為模式。你可能堅守著這種

這些行為還是有害的，會對你自己和他人造成傷害。當我們試圖逃避遭到觸發的痛苦情緒時，我們都可能落入這類行為的陷阱裡。現在，讓我們來看看我們的腦袋會如何扭曲我們對現今經歷的觀點。

Love Me, Don't Leave Me   86

你覺得可以保護自己的行為模式，但它也會持續引發事情行不通的想法。

「確認偏誤」（confirmatory bias）（Meichenbaum, 1977）是一種傾向只去認同那些支持你核心信念和支持你自身故事的事物。當你的核心信念遭觸發時，你的頭腦會抄捷徑，並且得出結論——它要去走那條以前一直選擇的路。你的腦袋裡充滿了各種痛苦的記憶，沒有任何空間留給那些會證明你的核心信念不正確的正面資訊。我們的大腦配置都是準備好要記住和尋找負面的經歷，給我們的故事做佐證，包括我們對自身以及對他人的信念。

另一種對觸發互動的反應叫作「老唱片」（old tapes）（McKay, Fanning, and Paleg, 2006）。老唱片是指你對另一個人的反應，就好像對方是你的父母一樣。這也被稱作是「毒性扭曲」（parataxic distortion），由哈里・斯塔克・沙利文博士（Dr. Harry Stack Sullivan, 1953）所提出。被觸發的情緒越強烈，越有可能你是在對你的父母（或者過去曾傷害你的人）做回應，而不是對你當前在面對的那個人做回應。

你是在對回憶做反應的五種跡象

以下的五種跡象，顯示你正在對痛苦經歷的回憶做出反應，而正是那些回憶形成了你的核心信念和你的人生故事（McKay, Fanning, and Paleg, 2006）：

1. 你對一個互動過程的反應，感覺有一股強烈的負面情緒湧上來，你覺得有需要保護自己。

2. 那是一種古老而且熟悉的感覺。重點在於那感覺是多麼的熟悉。

3. 那是一種一再重複出現的感覺（羞愧、憤怒、悲傷、失望等）。

4. 你覺得自己有讀心術。你在對那個人做臆測，以及/或者對那個情境和結果做預測。

5. 在無須恐懼的情況下，你仍感受到關於受虐和被拒絕的恐懼。

關係陷阱置你於有害的互動中

你的核心信念會給關係帶來額外的挑戰，很可能包含另一個造成關係複雜化的因素，也就是你的故事中可能包含了來自童年和青少年時期的不健康關係模式。你可能沒有健康和成功的關係典範，或者你在自己的關係連結模式上沒有獲得有益的反饋。你所知道的以及你所認為正常的事情，可能正在阻礙你努力發展有意義的關係。你故事中的各種主題可能正在破壞你的關係，或者至少讓你的關係變得窒礙難行。正如你在前面的內容裡所學習到的，恐懼引發的反應是很自然的，而那反應的是引發過去痛苦經歷的互動和情景，這些痛苦經歷都儲存在你的記憶

，同時伴隨著相關的情緒、想法和感受。

此外，你可能發覺自己持續受到相似類型的人所吸引。成年以後，我們會受到類似於童年和青少年時期經歷過的關係互動所吸引是有其道理的，儘管在理性上我們知道那樣的關係不健康，而且會帶來傷害。我們的故事有種無意識的強大情緒吸引力。就算你能成功避免和這類人有親密關係，然而你無法避免在生活中的某些領域裡和這類人有互動，因為他們是無所不在的。讓我們來看看哪些類型的人可能會觸發你的核心信念以及相關的負面情緒。

哪些類型的人會觸發你的核心信念

總是會有些情境、有些對話、以及有些人會觸發你的核心信念。有些人偶爾會觸發你的核心信念，有些人則似乎總是在觸發你的核心信念。在你的關係中分清楚這一點是很重要的，因為這有助於你去區分有害的人和無害的人，有害的人就是會持續觸發你的核心信念的那些人。

接著來看看經常讓你對自己、對他人、對這世界最深沉的負面信念浮上表面的那些角色。我

Love Me, Don't Leave Me　　90

列出了每種類型的一些常見特質，但這並不是完整的列表，你可以自由加入任何你在這些人身上體會過的其他特質。

遺棄者

這類人會觸發你的遺棄核心信念。他們可能是：

- **無法預期的**：他們沒有持續陪伴你，或者有些時候他們很關心你，有些時候又好像不在乎你。

- **不穩定的**：他們的生活方式和型態讓你覺得不安全。他們可能經常搬家、換工作、或者似乎無法在一個地方安定下來，讓人感覺他們很輕易就可以離開。

- **無法得到的**：當你需要他們的時候，他們都不在你身邊。你們在一起很開心，你感受到連結，然後他們就消失了，或者忙到無法和你見面。

施虐者

這類人會觸發你的不信任和受虐核心信念。他們可能是：

- **不值得信任**：他們會說謊、欺騙和操弄人，藉此來達到他們的目的。
- **不安全**：在情感上，他們會利用你的脆弱；在肢體上，他們會傷害你；在性方面，他們會虐待你。

剝奪者

遇到這類人會觸發你的情感剝奪核心信念。他們會是：

- **冷漠有距離的**：他們不會和你連結（這會讓你覺得不被愛、沒有價值、孤寂）。
- **拒絕付出的**：他們會拒絕給予你渴望的情感、肢體、或性的連結。

蹂躪者

這類人會觸發你的缺陷核心信念。他們的特質包括：

- **苛刻**：他們會找出你的缺點，並且公諸於世。
- **拒絕**：他們對待你的方式好像你配不上他們。
- **批判**：他們會批評你、貶低你。

批評者

你的失敗核心信念會遭這類人觸發。他們很會：

- **批判、愛挑剔（不意外！）**：他們會讓你覺得你在各方面都「不如人」。
- **自大、自我膨脹**：他們會把你拿來和他們自己以及他人做不利的比較。

儘管我們所有人都可能會在某些情況或特定情境裡出現過上述的行為，但這些類型的人之所以是有害的，是因為這些是他們的標準行為模式。很支持或很關心你的朋友及親人（甚至是你自己），都有可能會出現短暫的痛苦掙扎，進而展現這些特質。然而差別在於，在健康的關係裡，一個人的負面行為是不常出現而且很短暫的；在與有害的人的關係裡，這些觸發的行為則是經常會出現。

練習 2

辨識身邊有害的人和其行為

現在，你已經熟知了與五項核心信念有關的這些人的類型與特質。是來辨識哪些人和什麼行為是會觸發你的核心信念的時候了。在你的紀錄本中寫下你對下面這些問題的答案：

Love Me, Don't Leave Me　94

- 你生命中有哪些類型的有害之人?
- 那些會觸發你核心信念的人有哪些最常見的特質?
- 他們有沒有其他行為是沒被列出來的?如果有,是哪些行為?

觸發行為

現在,讓我們來看看他人可能觸發你核心信念的常見行為。大多數人偶爾都做過這些行為,而前面段落所指出的那些類型的人則是可能經常出現這些特質。但你現在要來辨識無害者的行為,這些無害者都在努力發展關係,同時也在面對處理自己的故事和相關的挑戰。

遺棄核心信念很容易遭到觸發,是因為它深植在我們的生存本能裡。部分觸發行為可能包括:

不信任和受虐核心信念的觸發因素包括：

- 任何你覺得有疏離感的行為。
- 爭吵。
- 心情改變。
- 經常分開一段時間——不論有無合理解釋。
- 任何可以被解讀為疏遠的行為（例如，通電話的時間比平常短；講話語氣平淡、無趣、諷刺、或生氣；交談時，對方一直心不在焉；取消計畫或者改時間）。
- 別人的關係感覺會對你的關係造成威脅。
- 你沒有得到你需要的安撫。
- 某人的行為出現改變（例如，他通常每天都會傳訊息或打電話給你，突然有一整天完全沒他的消息）。

- 對方出現任何負面的情緒，尤其是憤怒情緒。
- 批評（有建設性的批評也算）。
- 沒有解釋或有解釋地分開一段時間。
- 對方想知道更多關於你的事情，讓彼此更親近。
- 對方想要親密關係，或者嘗試親密關係。

情感剝奪核心信念被觸發可能是因為他人：

- 不了解你，或者沒興趣了解你。
- 對方並不表達自己的情緒，或者無法面對你的情緒表達。
- 不詢問你需要什麼。
- 似乎沒有興趣更深入了解你，或者沒興趣建立更深入的關係連結。

觸發缺陷核心信念的行為是：

- 任何對你的失望情緒——不論是感覺上或是有表達出來。
- 任何批評——不論是否有建設性。
- 不認同。
- 感覺對方已經見過「真實的」（有缺陷的）你。
- 他人很想要認識你。
- 慰藉不存在或時有時無。

失敗核心信念的觸發行為包括：

- 被拿來與他人比較。
- 和一個你覺得比你優秀的人在一起（例如，更成功、更有魅力、更……）。
- 讓你覺得自己不如人的情景。

Love Me, Don't Leave Me　　98

練習 3

辨識會觸發你核心信念的行為

現在，你已熟悉更多可能觸發你核心信念的行為。在你的紀錄本中寫下你對下面這些問題的答案。回答問題時要想著一個通常很正面的朋友或親人（無害的人）觸發你核心信念的事件。

- 哪些核心信念被觸發了？
- 哪些行為最常會觸發你的核心信念？
- 是否有什麼行為是沒被列出來的？

- 任何批評——不論是否有建設性。
- 他人很想要認識你。

對觸發核心信念情景的行為反應

到目前為止，我們看過了五種類型的有害者，他們經常會觸發我們的核心信念，我們也看過了對應每個核心信念會有的觸發情境和互動過程。現在，讓我們來看看你對觸發核心信念的事件可能會有的行為反應。這個針對每項核心信念觸發情境或互動過程的行為反應列表並非鉅細靡遺，只是針對每項核心信念列出了部分常見的反應。再次強調，這些反應都是自發性的行為，本質上是為了要保護自己。而且有鑑於你的童年和青少年時期經歷，形成了你對自己、對他人和對環境的堅信不移信念，因此會有這些行為也是可以理解的。這段旅程有一部分是要去

你是否開始看出他人的行為與你的核心信念之間的關聯？對這些經歷有所覺察，是針對你的反應做出正向改變的必要因素。

Love Me, Don't Leave Me　　100

接受並且了解一切增進或阻礙你的人際關係的因素。請勿帶有任何批判!

遺棄的行為反應:

- 你可能變得黏人。
- 你可能有意無意地找對方吵架,以測試你們的關係(這可能會變成自我實現的預言——你太常把對方推開,最後他就真的離開你了)。
- 你去接近你得不到的人(例如,他們住在另一個地方、他們已經有伴侶了、你們的行程無法配合等)。
- 你會避免關係連結,這樣你就不會被遺棄。

不信任和受虐的行為反應:

- 你會過度警覺,經常在注意任何背叛或施虐的跡象。

第 3 章　是什麼阻礙了你?頭腦與關係的陷阱

- 當事情進展順利時，或者當你是獲得和善對待的一方時，你會懷疑對方別有目的。
- 你發現要展現脆弱的一面就算不是不可能，也是極為困難的。
- 你的防衛心很重。
- 你很樂意順從或給人方便，希望藉此避免他人發怒。
- 你可能猛烈抨擊他人，藉此保護自己不會遭受你所預期的虐待行為。
- 你可能會避免親近他人，因為你害怕他們會傷害你。
- 你不會與他人分享你脆弱的一面，因為你害怕他們會利用這一點來對付你。
- 你允許他人虐待你，因為你覺得那是你應得的。
- 你逃避關係連結，因為你無法信任任何人。

情感剝奪的行為反應：

- 當你沒有獲得所需時，你會變得憤怒且苛求。

- 你逃避關係連結，因為你覺得你永遠不會得到自己所需。
- 你受到不願表達自身情緒的人所吸引。
- 你不會與他人分享你脆弱的一面，因為你預期他們的反應會讓你失望（例如，不認同或興趣缺缺）。
- 你很抽離，因為你沒有得到自己需要的東西。
- 你怨恨他人，因為你沒有得到你需要的愛與理解。

缺陷的行為反應：

- 你會被批評你的人所吸引。
- 你會批評他人。
- 你會隱藏真實的自己。
- 你會要求安撫。

失敗的行為反應：

- 你很難接受批評。
- 你會在他人面前批評自己。
- 你會拿自己來和他人做不利的比較。
- 你會避免討論或避開會與他人比較的情境。
- 你允許他人批評你或貶低你的成就。
- 你會貶低自己的才華和潛能。
- 你會隱藏真實的自己，因為害怕別人發現自己很失敗。
- 你會逃避關係連結。
- 你會批判他人。
- 你會做得比預期的更好，藉此避免遭受他人批評。

練習 4

當核心信念被觸發時，你如何反應

現在要來辨識你的行為反應。再次強調，這些反應都是自發性的行為，本質上是為了要保護自己。而且有鑑於你的童年和青少年時期經歷，形成了你對自己、對他人和對環境的堅信不移信念，因此會有這些行為也是可以理解的。這段旅程有一部分是要去接受並且了解一切增加或阻礙你的人際關係的因素。請勿帶有任何批判！

在你的紀錄本中寫下你對下面這些問題的答案：

- 針對你的每一項核心信念，你會做出哪些行為反應？
- 你是否有其他被觸發時的行為反應不在列表裡？

覺察你自身的行為反應可能會很不舒服。你可能有些羞愧、懊悔、或哀

練習 5

檢視關係觸發因素

這項練習是設計來協助你開始檢視觸發者的類型、情境或觸發因素、被歷過的狀況,以及你想要達成的目標。

現在,我們要把本章討論過的資訊結合在一起,讓你可以看到更完整的面貌,包括你曾經傷的感受。這是可以理解的。這是這趟旅程的挑戰之一,因為我在要求你分辨和檢視那些可能帶來痛苦情緒的過往經歷。要記得,你檢視自己的過去,是為了努力把它拋在腦後。我不想要你陷在行不通的事情裡:單純去辨識那些經歷,會讓你在未來更能夠做出有益的選擇。

Love Me, Don't Leave Me

啟動的核心信念和伴隨而來的情緒、以及你的行為反應。

在你的紀錄本裡寫下符合下列五個項目的事情。在「觸發者及其類型」項目中寫下那個人，以及這人屬於五個類型中的哪一類（如果適用的話）。請記得，並不是所有的情境都是被有害的類型所觸發；有些情境也可能是一般「正常人」做出觸發行為所引起的。

- 觸發者及其類型：
- 觸發行為／情境：
- 核心信念：
- 情緒：
- 行為反應：

我們來看看亞莉安娜是怎麼填寫這份練習的。首先,我先給你們一些背景資訊:她成長在一個她描述為有愛的家庭裡。但亞莉安娜也經歷過缺陷的感受,因為當她表現出任何不符合她的父母預期的行為時,他們就會變得疏離。他們不會直接和亞莉安娜溝通他們的失望之情,也不會明確表達他們的期望。他們純粹就是在情感上疏離(也就是不告訴她說他們愛她,不太和她講話,而且表現得比較喜歡她妹妹)。因此,你可以想像,當缺乏溝通和關係疏遠時,亞莉安娜的遺棄和缺陷核心信念就會被觸發。現在,讓我們來看看她的其中一份表格(她填寫了好幾份表格,每份都代表一次與她相關的經歷。我會建議你也這麼做)。

亞莉安娜的關係觸發因素練習

- 觸發者及其類型:我的男友(無害類型)。

- 觸發行為／情境：當我展現一部分真實的自己，換來的是不太熱絡的反應，或者我會感覺他在疏遠我。
- 核心信念：遺棄和缺陷。
- 情緒：悲傷、羞愧和恐懼。
- 行為反應：我在他拒絕我之前，自己就先抽離。

當你的核心信念被某個人、某個情境、或某個事件觸發了，你的故事就會活躍起來，就像被搖晃過的雪景球裡的場景一樣。你會經歷非常強烈且無法忍受的負面情緒反應。這是直通你核心信念源頭的情緒捷徑，而且你會出現一些行為反應來保護自己。在下一章，我會說明正念——臨在當下——能夠如何協助你處理那些負面想法、痛苦情緒和衝動行為。

讓我們繼續下去……

第3章 是什麼阻礙了你？頭腦與關係的陷阱

4
如何從固有的反應模式中脫困？
與當下的自己同在

在這一章，我會引導你看見一個臨在當下的新方法。你已經困在自己的故事裡很長一段時間了。那些故事一直跟你形影不離，當你面臨緊張的情境、不愉快的記憶、痛苦的情緒和負面的想法時，故事就會被啟動並活躍起來。要是我告訴你有個方法可以讓你遠離自己的故事呢？

我們已經討論過你的核心信念如何限制了你對一個情境的觀點，以及頭腦認定的威脅會引起自發性的反應。我們知道這是腦袋試著要幫助你。你的腦袋是根據過去的經驗而做出反應。

你的經歷就儲存在記憶裡，因此當面臨一個符合已儲存資訊的情境時，你的腦袋不需要太多的處理過程就會做出反應。你的腦袋會立刻回到像雪景球一樣的那個過去的固定場景。但問題是，你的腦袋是抄捷徑用過去的情境來下結論，而不是針對當前的情境來分析。那只是一種自發性的反應。你要做的是透過當下的正念回應，藉此推翻那個過時的反應。

當你的故事被啟動時，感覺就像你又回到了過去，那情景成了你能看到的一切。就像你的雪景球被搖晃過，然後活躍了起來。你的視野和其他感官也都被侷限在那故事的經歷裡，引發恐懼的反應。你能想像允許當下的新資訊被接收進來，讓你能夠做出回應，而不是單純被觸發

Love Me, Don't Leave Me　　112

反射性的行為？讓你能夠用接納的態度來看整件事，而不只是陷入恐懼當中？讓你能夠用開放的心去觀察，而不只是僵化固執地自認為就是如此？你能想像自己放下防備，然後變得更信任他人嗎？

當過往的故事阻礙你臨在當下

下面這個寓言，或許可以協助你思考走出自己的故事去面對新的現實。這是柏拉圖的洞穴寓言。情節如下：

人們住在一個地下洞穴裡，洞穴對外有個開口，光線可以一路照到洞穴最深處。人們從小就住在洞穴裡。他們的腳和脖子都被鍊子拴住，無法移動，只能看著他們的前方。鍊子讓他們無法轉頭，所以他們看不到左邊，看不到右邊，也看不到後面。在他們上方和後方的遠處有一叢燃燒的火焰，而在火焰和囚禁者之間

113　第 4 章　如何從固有的反應模式中脫困？與當下的自己同在

有一道矮牆，就像偶戲用的檯子一樣。其他人拿著用木頭、石頭和其他材料做成的器皿、雕像和動物塑像，露出牆上走過去。被鍊起來的囚禁者只看見自己的影子和其他囚禁者的影子，因為他們無法轉頭看到彼此。他們也只能看到那些從牆上經過的物品影子。對他們來說，他們的真相就是那些影子。

停留在這幅畫面裡，想像一下，當這些囚禁者被釋放了，並且被告知他們所知的真相都只是影子。現在他們可以站起來，轉身，走動，往光線的方向看去，看到當下真實的事物。你可以想像，那光線會讓他們眼睛刺痛。四處移動、走動、轉頭對他們來說都很痛苦，因為他們已經固定在同一個姿勢太久了。刺眼的光線讓他們很不舒服，而之前只看過影子的他們，要處理眼前看到的真實影像也會很困難。一開始，那些物品的影子仍是他們的真相——那是他們所知的事物。他們需要時間調適以接受新的真相，也就是看起來非常不同的那些真實物品。現在，想像一下這些囚禁者走出洞穴來到陽光下。一開始，強烈的陽光讓他們幾乎睜不開眼，讓他們

Love Me, Don't Leave Me　　114

無法看見真實事物。調適的過程很痛苦,而且需要花時間。但那是他們能夠忍受的短暫痛苦,相較於他們長久以來體驗到的苦難,那並不算太糟。

現在,讓我們來想像一下,你在這樣的情境中會如何反應。

練習 6

從過去的經歷中抽離

在紀錄本裡寫下你對下面這些問題的答案:

- 想像一下你被鍊在一個洞穴裡,只能看著投射在你面前牆壁上的物品影子。你會經歷什麼樣的想法、心情和感受?
- 想像一下你自己拿掉了鎖鏈,轉身看見物品真實的樣貌。你現在會經

115　第 4 章　如何從固有的反應模式中脫困?與當下的自己同在

- 歷什麼樣的想法、心情和感受？

- 接著想像一下你走出洞穴外，來到陽光下。你的想法、心情和感受有改變嗎？你現在的想法、心情和感受是什麼？

- 這樣的比喻是否有助你和自己的故事保持一些距離？

從你的故事——牆上的影子——轉移到當下發生的現實，是一個讓人害怕的調適過程。儘管你的故事充滿著痛苦，但卻是你所熟悉的事物，改而從不熟悉的事物開始採行新的做法，是很困難的。當你困在自己的故事裡，你根深柢固的恐懼回應就會接手，導致你和當下脫節，並且根據過去的經驗做出反應。當你活在恐懼裡，恐懼就會吞噬你，因為你會經常透過戰鬥、逃跑、或僵住的生存模式來做反應。

透過正念，將眼目定睛於現在

有個技巧是你可以使用的，它可協助你擺脫自發性的反應，臨在當下，並且根據當前的資訊和經歷，做出深思熟慮的決定。這個方法稱為「正念」。正念是個很棒的技巧，因為它能夠協助你擺脫你的故事，擺脫你故事中包含的一切──你的核心信念、關於自身的信念、關於他人的信念、各種預期──並且專注在你當前面臨的情境裡。這意味著對新資訊和新的可能性保持開放態度。「臨在當下」意味著你允許自己對眼前面臨的經歷，發展出審慎且富同理心的回應。隨著你和自己的故事保持距離，擺脫你的故事所帶來的自發行為反應，整個世界將會變得更開闊，你會在裡頭看見其他的選項，並且選出一個深思熟慮後的回應──正念。換句話說，你還是可以繼續看著牆上的影子，預期事情會像往常一樣發展，而你也會像往常一樣做出反應，結果就是帶來相同的痛苦情緒──悲傷、憤怒、寂寞、挫折和羞愧。或者你可以拉自己一把，遠離過去，活在當下。

117　第 4 章　如何從固有的反應模式中脫困？與當下的自己同在

讓我們回到洞穴裡。當你對你的核心信念做出反應時，你就是被鎖鏈拴在牆邊，然後投射在牆壁上的那道影子。那影子就是你過去的經歷——那些形成你的核心信念的經歷。當你被拴在牆邊，你便無法獲得所需的距離，好讓你看到過去的經歷並非當前的經歷。現在，退後幾步，讓你和牆上那些影像保持一些距離。你有感受到不同嗎？你和過去的距離拉大了，是否讓你覺得有可能做出更有幫助的行為選擇呢？繼續拉開你和過去故事之間的距離，並且放掉你根據過去事件而對未來所做的預期。專注在現在所發生的事情上。透過臨在當下，並且不帶批判地去看現在，你就是在你自己和你的核心信念之間拉開了距離。你的核心信念還是會一直存在，但你可以消除它們的力量，以及它們對你當前情境的負面影響。

接下來是一個能夠協助你把當前的經歷和過往的故事保持一些距離的練習。這個練習是根據《人際問題手冊》（*The Interpersonal Problems Workbook*）（McKay, Fanning, Lev, and Skeen, 2013）一書裡的練習改編的，能夠協助你進一步觀察你當前的情境，不讓它去觸發你的核心信念和自發性的行為反應。

Love Me, Don't Leave Me 118

練習 7

正念呼吸

這項練習將協助你給予你的想法和感覺應有的關注，去看見它們真實的樣貌——它們只是暫時的經歷，無須為此做出行為反應。先閱讀這項練習，讓自己可以更熟悉內容，然後再實際去做。（抑或你可以在我的網站上聆聽這項練習的錄音檔，網址：http://www.lovemedontleaveme.com）

閉上你的眼睛，深呼吸一口氣……留意呼吸的感覺。感受氣息通過鼻腔、通過喉嚨時帶來的那股清涼感覺……然後，留意你的肋骨擴張的感受，空氣正進入你的肺部……然後留意你的橫膈膜因為吸氣而變得緊繃，呼氣時又釋放掉的感覺。繼續感受你的呼吸，讓你的注意力隨著氣息流動……吸氣、呼氣……吸氣、呼氣。

在你呼吸的同時，你會注意到其他的體驗。你可能留意到有些想

119　第 4 章　如何從固有的反應模式中脫困？與當下的自己同在

法,而當有想法出現時,就跟自己說:想法。單純給它貼上它應有的標籤:想法。如果你察覺到有些感受,不管是什麼感受,只要跟自己說:感受。如果你注意到有些情緒,只要跟自己說:情緒。試著不要停留在任何一個體驗上。你只是在觀察自己的心靈和身體,給想法、感受、情緒貼上標籤。如果有些痛苦的感覺,只需要留意到那個痛苦,然後繼續往下一個出現的體驗走去。繼續觀察每個體驗,不管出現什麼,只要貼上它的標籤,然後就讓它流過,繼續保持開放去迎接下一個體驗。

讓一切發生,而你只是觀察著:想法……感受……情緒。這一切都只是天氣變化,而你就是那片天空。作為天空,你只需要讓天氣流過……你只需要觀察……貼標籤……放手。

靜靜地冥想大約兩分鐘,結束後睜開眼睛,把注意力拉回周遭的事物上。

我鼓勵你每天做一次這個正念專注練習，讓你能更自在地觀察自己內在的體驗，而不至於做出行為反應。透過保持正念，同時覺察當下體驗的流動，你能夠和過去的經歷保持距離，讓你可以更有彈性地回應當下每個狀況，而不是用同樣的方式看待每個觸發事件，並用相同的無效溝通和行為來反應。

試著不帶批判地去觀察你當前的體驗以及伴隨而來的痛苦情緒，不要試圖去阻止或避開當下發生在你身上的事。當你靠近投射在牆壁上的影子時，你會用沒有幫助的方式來反應，以逃避那些影子所觸發的痛苦。但如果你可以後退來看那些影子是如何投射到牆上的，你便會更好地覺察當下正在發生的事情，而且你也能讓自己和你的核心信念與故事保持距離。透過這個距離，你會對當前的體驗感到好奇並且開放。你也會看到更多的行為選項。你或許還是會有相同的想法、情緒和感受，但你會對它們有不同的回應。

當你的核心信念被觸發時,你便處在情緒迷霧當中,突然間你會無法看到有幫助的選項,因此你會回頭去使用原有以恐懼為基礎的行為反應。你可能會發飆、畏縮抽離、變得黏人、或要求很多,抑或透過藥物、食物、酒精來安撫自己。你無法阻止被觸發時會出現的想法(例如,「他會離開我」、「我不夠好」、「我永遠得不到想要的愛」),但你可以停止你的行為反應。當你的核心信念被觸發,而且你被負面情緒和想法的迷霧給籠罩住,只需要去承認它們的存在,並且等待迷霧散去,這樣你才能夠去選擇有幫助的行為選項。

對觸發事件的反應

現在,讓我們來看看你的核心信念的觸發因素(你可以回頭參考第三章的「練習5:檢視關係觸發因素」),以及會因為這些觸發情境而伴隨出現的想法、情緒和身體感受。在接下來幾章裡,我會提供你技巧和工具,協助你做有效的溝通和行為選擇。但現在,我要先把焦點放在一些有幫助的方式上,協助你面對處理當核心信念遭觸發時,你會體驗到的身體感受、

Love Me, Don't Leave Me

練習 8

掌控你對觸發事件的反應

這項練習是設計來協助你覺察到，當一個核心信念被觸發時，你是如何反應的。想想某一個觸發事件。（如果有超過一個你想探索的觸發事件，那就每個事件分開練習，並且分開記錄。此外，每當有不同事件觸發一個核心信念時，請再回到這裡，再做一次這項練習。）在你的紀錄本裡寫下你對下面這些問題的答案：

- 描述那個觸發事件。

例如呼吸急促或無法深呼吸、心跳加快、胃部不舒服（如胃痛和反胃）、體溫變化（變熱或變冷）、大量出汗，同時也讓你了解這些遭觸發的反應和你的想法與情緒有什麼關聯。

123　第 4 章　如何從固有的反應模式中脫困？與當下的自己同在

- 你出現了什麼想法？

- 你的身體是如何呈現這個經歷的？（你是否變得緊繃？你是否感到發熱？或發冷？你的心跳有加快嗎？）請明確敘述，並且列出你所有的感受。

- 你出現了什麼樣的情緒反應？

你能越快辨識到自己正處在讓你暫時盲目的情緒迷霧裡，你就越有能力讓自己暫停，去觀察想法、情緒和感受，並且等待它們消退、等待迷霧散去，然後做出有益的選擇。

覺察你對核心信念觸發事件的反應，可以協助你打破習慣性的行為反應循環。要記得，戰鬥、逃跑、或僵住的反應已經不再適用你當前的關係情境。學習如何管理被觸發後引起的想

Love Me, Don't Leave Me　　124

法、情緒和感受，將會帶領你來到一個可以透過正念做出不同行為選擇的境地。

培養對當下的覺察力

對我們自己的行為變得較沒有覺察是很容易的。我們都有習慣和熟悉的常規，亦即第二天性，因此會對原本有的那些感受變得習以為常，不再有感覺。就我本身而言，我就可以想到兩種符合這種模式的情景。我幾乎每天都會跑步。我從舊金山家中出發會有四條跑步路線，根據我的心情、體能狀態和健身目標做選擇。一旦我做了決定，我就會進入自動駕駛模式。我並不會有覺知地看見我經過的地標，通常也不記得我在跑步的時候聽了哪些歌，而且經常在忙碌且漫長的一天過後，會需要幾秒鐘的時間提醒自己早上已經跑過了。這就是正念的相反狀態。我和正念跑者是不是燃燒了同樣多的卡路里？是的。我是不是有從甲地跑到乙地？是的。我是不是同樣得到了我很喜愛的腦內啡水平升高的感覺？是的。但我卻因為缺乏覺知而錯失了一些額外的益處。我沒有接收到周遭環境的感覺，沒有去欣賞它們的存在；我沒聽到環境裡的聲音，

125　第 4 章　如何從固有的反應模式中脫困？與當下的自己同在

因為我在聽音樂，而且我也沒有留意我的腳和地面接觸的感覺。當我在自動駕駛模式下跑步時，我錯失了這麼多可能改變體驗的資訊。正念是一種開放式的體驗，讓我們走出自身受限的心態和觀點，去做出另一種行為選擇，而不是純粹跟隨原有的習慣行為。

最近我到德州奧斯汀拜訪時，經歷了一次積極正念的跑步體驗。那不是我熟悉的環境，因此我知道那會是個很棒的地方來實驗正念的跑步方式。當地的氣溫和濕度都比我平常在舊金山跑步時來得高，而且我也把所有的電子設備留在房間裡。我出發開始跑步。當我的腳踏上泥土路時，每踏出一步，我都可以聽到腳下傳來的碎石聲響。我也聽到自己的喘息聲，努力在調整適應當地的熱氣和濕氣。我感覺著肺部擴張和收縮的感受。我也聽到遠方一些車流的聲音，以及河中傳來人們划著獨木舟的聲音。我經過路人時會聽到片段的對話內容。我跑得越遠、越去留意自身的體驗，我的感官便越加增強。我聽到狗吠聲。某個騎腳踏車的人停了下來，我可以聽到輪胎抓地的摩擦聲。我和一名對向的跑者互相打招呼。我察覺到自己流的汗比平常多，我察覺到當我直接面對陽光時會覺得炎熱，但當我跑過有遮蔭的區域，微風會讓我起雞皮疙瘩。

Love Me, Don't Leave Me　　126

我注意到一切事物，就在一切發生的當下。一些想法進到我腦中，讓我從體驗中分心，但我很快就放掉它們，就像電視新聞畫面下方的跑馬燈一樣。我正在體驗一個和在舊金山平時跑步時非常不同的跑步經歷。我帶著正念。我臨在當下。

練習 9

正念散步和喝茶（咖啡）

如果你覺得害怕或膽怯，或是對於嘗試正念不甚情願，那麼我建議你從比較動態或非正式的正念練習開始，例如下面列出的兩個項目。等到你對於使用這些技巧感到自在了，就可以嘗試更正式的正念練習（在我的網站上有個正念資源的列表，網址：www.lovemedontleaveme.com）。

散步

如果你沒有跑步的習慣,不妨試試正念散步。在一個你不熟悉(但安全)的區域裡散步,會比較容易練習正念。這會有助於你脫離已經整合到你日常散步裡的習性和慣例。試著不要帶任何電子設備。留意周遭的景色和聲音;留意你的呼吸和腳踏地面的感覺。觀察身邊有什麼事物。讓你所有的感官覺醒,和你的體驗連結、同步。

當你結束散步回到家,在紀錄本裡寫下你的體驗。試著透過回答下列問題,在描述你的體驗時盡可能包含你所有的感受:

- 你聽到了什麼?
- 你看到了什麼?
- 你聞到了什麼?
- 你觸碰了什麼?

Love Me, Don't Leave Me   128

- 你嘗到了什麼？
- 如果有和你的正念練習不相關的思緒進入你的意識裡，你如何處理那些思緒？
- 散步時，你是否感受到覺察力提升了？

早晨喝杯咖啡或茶

另一項我很喜歡的非正式正念練習是在早晨喝杯咖啡。如果你不喝咖啡，可以用你早上愛喝的飲品替代。

在準備好你要喝的飲品後，坐在你覺得舒適的地方（我通常會帶著咖啡回到床上；你可以選擇自己喜歡的地點），然後把馬克杯握在手中。留意馬克杯的溫度，還有你雙手的感覺。留意在啜飲之前，馬克杯和嘴唇接觸時的感覺。留意飲品的味道。那味道是否讓你想起任何事物？當你看著馬克杯裡面，你看到了什麼？留意你啜飲第一口時發出的聲響。你聽到的是小口啜取飲品的

聲音，還是大口吞飲的聲音？把焦點專注在飲品的細微風味上。不管是咖啡或茶，都會有許多層次的風味。你留意到什麼？

在紀錄本裡寫下你的體驗：

- 你觸碰了什麼？
- 你聞到了什麼？
- 你看到了什麼？
- 你聽到了什麼？
- 你嘗到了什麼？
- 如果有和你的正念練習不相關的思緒進入你的意識裡，你如何處理那些思緒？
- 你在品嘗早晨的咖啡或茶時，是否感受到覺察力提升了？

正念讓你停止習慣性的行為反應

你可以在處理你的關係經歷時採用正念的方法。當你處於正念狀態，並且提高對經歷的覺察力，你就能停止習慣性的行為反應循環。當你面對觸發你的核心信念的情境時——啟動了你的故事，或者搖晃了你的雪景球——你可以停下來，去辨別自己正在經歷強烈的情緒反應，同時伴隨著一些無益的想法和不舒服的身體感受。你將能夠保持在當下的經歷中，等待感覺的強度降低，然後根據你所知道的事實做出正念的選擇，而不是根據牆上的影子來做決定。事實是，你的故事在此時此刻並不適用，而且你也不是處在有生命威脅的情境裡——你的生存並非岌岌可危。透過觀察，透過耐心、好奇、開放且同理地等待，你可以隔開自己和習慣性的行為反應之間的距離。當你在經歷遺棄恐懼時，當下似乎感覺很合理的那些行為反應循環，實際上是沒有幫助的。你雖然是為了保護自己而做出反應，但到頭來你反而感覺更糟，甚至還可能破壞了關係。

第 4 章　如何從固有的反應模式中脫困？與當下的自己同在

練習 10

觀察你在人際問題中慣有的行為反應

每天觀察你核心信念的觸發事件,是很有幫助的練習,這能讓你從無益的行為轉換為有益的行為。在第三章,你已完成了關係觸發因素的練習。而這個練習,是該練習的延伸。我會請你把注意力放在當你的核心信念被觸發時所出現的情緒、想法、感官和行為衝動上。當你將覺察力帶入此經歷中,會讓你更容易了解到,在大多數情況裡,實際上並沒有理由需要採取行動。

當你完成練習後,去覺察到:

- 你的感覺和情緒:情緒強度如何升高或降低,以及你的情緒如何變化(例如,從受傷轉為憤怒)?

- 你的想法:你是否能夠觀察自己的想法,從想法出現到放掉是否都能

練習 11

找出破壞關係的核心信念

每日做這個練習會強化本章呈現的正念技巧。透過臨在當下，你將能夠

- 不帶批判和依附？
- 你的感受：你是否留意到身體的反應（例如，體溫變化、心跳變化、呼吸變化）？
- 你的行為衝動：你是否留意到有出現任何自動駕駛模式的行為衝動？
- 至此，你是否經歷到某種體悟，了解自己是有選擇的。

抵擋當你的核心信念遭觸發時所出現的無益行為反應衝動。這項練習是改編自《處理人際問題的接納與承諾療法》(Acceptance and Commitment Therapy for Interpersonal Problems) (McKay, Lev, and Skeen, 2012)。持續且頻繁地練習，是創造新的有益行為的關鍵。

在你的紀錄本裡寫下你對下列項目的答案：

- 事件：
- 核心信念情緒：
- 核心信念想法：
- 身體感受：
- 核心信念驅使的衝動：
- 是否有對行為衝動採取行動？如果有，你的行為反應為何？如果沒有，你的替代回應是什麼？

我們來看看薩米完成的練習紀錄。薩米有遺棄和情感剝奪核心信念。薩米是獨生女。在她的成長過程中，父母經常四處旅行，而當他們在家時，似乎都待在兩人愛的小世界裡。薩米覺察到，當她覺得別人在身體上或情感上疏遠她時，她的核心信念就會被觸發。甚至像朋友或男友取消聚會或改期這類的日常小事，都會成為觸發事件。以下是她其中一次練習紀錄：

- 事件：在我們第三次約會前夕，我接到瑞克的短訊，說他被工作綁住走不開，必須改天再一起吃飯。
- 核心信念情緒：焦慮、恐慌和悲傷。
- 核心信念想法：他寧願工作也不願陪我；他不喜歡我。
- 身體感受：我感覺到胃不舒服。我也有種被掏空的感覺。
- 核心信念驅使的衝動：我不想回他訊息。我想要躲起來、生悶氣、鬧脾氣。

• 是否有對行為衝動採取行動？我沒有採取行動。我回覆訊息說：「好可惜。我期待很快能再見到你。」

這項練習能夠協助你和經歷中接收到的新資訊保持連結。你被觸發是因為你的核心信念，而那些信念都是來自真實的經驗和創傷，造成你的恐懼並促使你做出用來保護自己的行為反應。你現在也了解到，這些過往所帶來的核心信念和自發性行為反應，會讓你對自己的感覺更糟，而且會破壞你的關係。當你的核心信念被觸發時，練習正念能夠協助你保持在當下的經歷裡──伴隨變化的情緒、想法和感受──不去做出由恐懼所引發的行為反應。當你困在你的故事裡，你便和當下的經歷脫節，而你在反應的其實是你過去的經歷。

你或許有動機想要改變行為，因為你的關係一直不成功或充滿挑戰，或者你一直都面臨到相同的問題。改變是有可能的，但若沒有指引，改變會感覺更困難。要有人或有事物來讓我們持續前進，敦促我們持續努力以取得進展。這就是下一章的目的──提供你動機來做行為改變。在第五章，我會說明價值觀的重要性，以及投入價值觀驅動的行為會對你的生命和關係帶來怎樣強大且正面的影響。

讓我們繼續這段旅程……

5

你重視什麼？
找到改變行為的動機

消除非必要的痛苦

從前幾章當中，你已經了解許多關於自己的事情，包括你的核心信念，以及伴隨這些信念而來的情緒、想法、感受和行為。你已經看到你的故事會如何讓你困在以恐懼為基礎的行為反應模式裡，給你造成更大的痛苦，同時破壞你的關係。你了解到你是在對造成痛苦的情景做出反應，而且你的行為反應是由恐懼所引發的，目的是要避開那些痛苦。你大概已經釐清了那些行為是無益的，而且你也對什麼是有益的行為有了一些概念。現在，我要稍稍推你一把，讓你在行為上做出必要的改變，並且持續朝著建立健康、長久、有愛的關係邁進。這一章的內容會提供你所需的動機，來做出有益的改變。

一直以來，你都在閃避、戰鬥和躲藏你的核心信念帶來的痛苦。在對核心信念的痛苦所做的反應中，你發展出了可能會讓你暫時好過一些的行為模式；然而，你也知道這些行為並非治本之道，因為你仍身在痛苦中。與你自身有關的信念極為強大，如同你在前幾章所學習到的，

Love Me, Don't Leave Me 140

負面的自我對話是無法避免的。所以，你該如何處理痛苦的感受？你不可能消除你的核心信念——它們已經跟著你很長的時間。你不可能避免掉會觸發這些核心信念的情景。那麼，既然一切看起來都不在你的掌控之中，你又能做什麼呢？

其實也不是一切都無法掌控——你能夠控制你對觸發事件的回應方式。是的，那就是解方！你可能會問自己：「真的這麼簡單嗎？」嗯，是，但也不是。改變需要努力和決心。當你接受了自己無法改變的事物，並且與自身的價值觀連結（本章稍後會討論這個部分），才能更容易去做出承諾和付出努力。

在「接納與承諾療法」（acceptance and commitment therapy; ACT）中，關於痛苦有個很棒的概念，對於建構改變的動機非常有幫助。接納與承諾療法認為痛苦是與生俱來的人類體驗，與我們核心信念相關的痛苦，是我們無法克服的痛苦。因為我們的核心信念是由早期的童年和青少年經歷所形成的，因此，這些信念是我們個人經歷中經久不衰的部分。舉例來說，對那些曾有早年遭遺棄經歷而且學會預期遺棄發生的人來說，在每個相關的人際事件裡，他們的遺棄

141　第 5 章　你重視什麼？找到改變行為的動機

核心信念都可能被觸發。他人的批評、失望、疏離和憤怒都會觸發該信念，進而引發恐懼。

因此，接納與承諾療法並不是聚焦在消除核心信念，或者消除核心信念所帶來的痛苦。該療法的目標是要學習在核心信念遭觸發時做出不同的回應。在接納與承諾療法裡，有一項很重要的區分是關於我們所體驗到的痛苦類型。無可避免且無法控制的痛苦是人類體驗的一部分，這種痛苦稱為「主要痛苦」。而「次要痛苦」則是當我們試圖要去避開或控制我們的主要痛苦時所產生的痛苦感受。是的，你有能力消除那些造成你的關係受苦和出問題的次要痛苦。核心信念相關的行為反應會造成這些可避免的痛苦，也就是次要痛苦。

你對核心信念觸發事件所做出的行為反應，正是你的關係面臨困境的原因。因此，針對這個痛苦議題，需要採行兩個步驟：

1. 接受那些當你的核心信念遭觸發時浮現的痛苦，並且

2. 改變你對核心信念遭觸發時出現的負面情緒所做的行為反應。

Love Me, Don't Leave Me　142

你對核心信念觸發事件做出反應所帶來的次要痛苦，其實是非必要的。你有選擇、也有能力在你生命中消除這類痛苦！這是個讓人振奮的啓發，但是對於你需要做什麼來消除生命中的次要痛苦，你可能會出現一些焦慮，甚至還有點質疑。你將會學習聚焦在你可以掌控的事情，並且接受你無法掌控的事情。行為模式可能很難改變，但若是我可以給你一些非常強有力的理由去改變你熟悉的行為，並學習一些新行為呢？繼續閱讀下去吧。

承認並接納痛苦的情緒

你已經辨識和檢視過你的因應行為，而且你也知道這些行為無法改善你的關係。事實上，這些行為甚至造成了額外的痛苦。你努力要避開核心信念引起的痛苦，但卻造成額外的問題與困境，這些狀況可能包括：讓自己更加孤立、怒氣大爆發、在被拋棄之前自己先離開，以及控制他人（這些只是部分例子）。你是否發現到，你試圖控制和降低核心信念痛苦所做的一切都沒有效？那麼，既然逃避必然且無法避免的主要痛苦是沒有用的——而且你也知道這麼做沒

第 5 章　你重視什麼？找到改變行為的動機

有用——那麼你能不能考慮替代方案呢?要是我告訴你答案就在痛苦當中呢?要是我告訴你別再掙扎反抗,就讓自己去感受與你的核心信念連結的那些痛苦情緒呢?這是唯一一次我會告訴你放棄並承認失敗。你原本用來對抗這種與生俱來、必然會發生、且無法避免的痛苦的方法是沒有用的,而且永遠也不會有用。

這是個難以吞下的事實。必須接受生命中的痛苦,而且沒有方法能夠控制那些痛苦,可能會讓你覺得有些哀傷。但好消息是,你不再需要那些你拿來對抗核心信念相關痛苦情緒的行為反應。能擺脫無效而且消耗情緒的舊把戲,感覺不是很棒嗎?

你已經知道目前的行為是行不通的,所以該是嘗試更有效的解決方案的時候了。在《為什麼?…你的人生在傾訴關於你的本質和目的》(*Why? What Your Life Is Telling You about Who You Are and Why You're Here*)(McKay, Olaoire, and Metzner, 2013)一書中,作者寫道,痛苦是在邀請我們去傾聽,我們的痛苦是所有學習的源頭。你的內心和頭腦知道你用來管理核心信念相關痛苦的方法行不通嗎?你能承認並接受,你用來阻止核心信念相關痛苦的努力,只會讓你自

Love Me, Don't Leave Me 144

己和你親近的人更加痛苦嗎？如果答案是肯定的，那麼你可以選擇做些不同的事。

你一定很懷疑，自己要如何做這麼激烈的改變──從原本對核心信念遭觸發時的痛苦做出反應，變成只是去觀察痛苦，但不做任何掙扎努力。你需要開始把自己的體驗看作是「轉瞬即逝」的──它不過是暫時的。想像你是天空，而非天氣。心理治療師魯斯．哈里斯（Russ Harris, 2009）指出，佛教、道教和印度教的教義中都有這樣的比喻：天空一直都存在那裡，容納著持續變化的天氣。天氣可以是狂風暴雨、陰暗、多雲、降雨、放晴、或起風。颶風、下雨、放晴、甚至暴風雨都是來來去去的，然而天空則是恆久不變，樂意接納所有的變化。所以，把自己想像成天空，承接一個接一個持續變化的私人事件。現在，想像你去接納並觀察你的情緒，就像天空接納和觀察天氣一樣。你能否接納並觀察所有的「天氣」，而且不會奮力或試圖去改變它？你能否觀察自己身體的感受、腦中的想法、以及起伏的情緒？當你的核心信念遭觸發時浮現的負面想法和痛苦情緒，就像是惡劣的暴風雨，但風暴會平息，它終究會過去，然後換來雨過天晴。你覺得自己可以像天空一樣，不再因為天氣而苦苦掙扎嗎？痛苦的思緒和感覺會

145　第 5 章　你重視什麼？找到改變行為的動機

練習 12

觀照想法和情緒的流動

找到一個舒適的地方坐下來，然後閉上眼睛（如果你想睜開眼睛，那就把視線固定在一個點上）。

現在，想像你自己是天空。當想法和情緒出現時，看著它們流過，就像天氣流動一樣。

你並不是試著要擺脫那些想法和情緒（天氣）。你是去承認它們的存在，並且認清它們只是暫時的。它們有時看起來像狂風暴雨，有時則是陰晴不定。

接納負面想法，就像天空接納天氣一樣。

法是否有幫助。負面的想法總是會存在。你無法用正面想法來永遠消滅負面想法，所以你要去接納負面想法，就像天空接納天氣一樣。

出現，也會消退，就像天氣一樣。接納與承諾療法不在意你的想法是否真實，而是在意那些想

Love Me, Don't Leave Me

單純讓它們流過去。繼續看著下一輪的想法和情緒流過，就好像它們只是另一波天氣一樣。

如果你開始陷入某個想法或情緒裡，那就放掉它，並提醒自己，你是天空，而那只是天氣而已。

如果正面的想法和情緒出現，一樣讓它們流過。天氣就只是天氣。

這個比喻和練習是設計來強化一個概念，也就是你能夠學會讓想法和情緒流進和流出。你要熟悉這種想法和情緒的流動，不讓自己困在裡頭。

現在，你可能會疑惑該如何讓自己保持在這條新的道路上？要怎麼防止你再次出現舊有的因應行為？當你的核心信念被觸發，並且有排山倒海而來的負面情緒（恐懼、悲傷等）和悲慘的想法（「他要離開我了」、「我會孤獨終老」等），你是能夠自由選擇要如何處理那些情境

147　第 5 章　你重視什麼？找到改變行為的動機

的。你會採取以前慣用的做法嗎？我想你以前的習慣是行不通的，否則你就不會來讀這本書。那麼，你想試試新的做法嗎？這沒有對或錯，也沒有好或壞，一切只是關於結果。如果你對於舊有行為所得到的結果不滿意，那麼是試試新做法的時候了。答案就是：你需要能讓你更接近你想要的目標的行為模式。接下來讓我們來檢視你的價值觀。

與自身的核心價值連結

這是接納與承諾療法中我最喜愛的部分。我們都有核心信念，因此很合理的是，我們也都會有核心價值。可惜的是，當你回應觸發核心信念的事件時，你的行為模式通常並不符合你的價值觀。我近期在看約會的實境節目時，看到了一個例子。有一位女性參加者希望打敗其他參賽者，贏得合意單身漢的青睞。她在一次挫敗時，對其中一位髮型設計師發飆（結果那位髮型設計師是單身漢的妹妹）。單身漢和那名女性對質，她嚇壞了，頻頻道歉。她對他說：「那不是真實的我。那不是我平常會有的行為。那行為並不符合我的信念。」這幾句話一直停留在我

Love Me, Don't Leave Me

的腦海裡。顯然，她當時正處於觸發她核心信念的情境裡，而她發現她的行為模式無法很好地呈現她的價值觀。這樣的情況也可能會發生在我們大部分人身上。但是透過辨別和聚焦在你的核心價值上，你將能夠根據自身的核心價值去投入關係中。然而當你的核心信念被觸發時，你所經歷的情緒可能會排山倒海而來，以致你在反應時無法考量到自身的價值觀。

這就是讓你改變行為的動機。透過與自身的核心價值連結，並且承諾活出由價值觀所驅動的生活，你便能夠停止求助於舊有受核心信念驅動的行為模式。在你辨別並評估自身價值觀的同時，請記得，這些都是關於你個人的，所以不應受到任何社會準則的影響、不應受到你「認為」自己該擁有什麼樣的價值觀影響、也不該受到他人的期望所影響。

是這樣的，我們都聽過這句話──生命是無常的。就算你的行為符合自身的價值觀，事情也不一定都會順利。這就是其中的壞消息。但好消息是，順心如意的情況會更常發生，你對你的行為和互動過程也會有更好的感覺。為什麼呢？因為你的反應會比先前的行為模式更有幫助，而且也更符合你的價值觀。

練習 13

辨別你的價值觀

辨別你的價值觀是擬定行為改變計畫的開端。你的價值觀會驅動成功的行為改變。我在下面列出了許多價值觀，但這並不是完整的列表，你可以自行加入你的價值觀。

在你的紀錄本中寫下你認同的價值觀，並且個別標示一顆星、兩顆星或三顆星來代表：重要、非常重要、最重要。

價值觀：

篤定　　　易接近　　適應性
欣賞　　　成就　　　情愛
接納　　　紀律　　　有益
　　　　　幹勁　　　誠實

Love Me, Don't Leave Me　150

保證	本分	榮譽	
關注	有效性	懷抱希望	
覺察	效率	謙遜	
平衡	同理心	幽默	
歸屬感	鼓勵	想像	
福佑	耐久	獨立	
勇敢	能量	個體性	
冷靜	享受	好問	
同袍情誼	熱忱	洞察力	
小心	卓越	靈感	
爽朗	興奮	正直	
清晰	表達力	智力	
親近	熱情洋溢	聰明才智	

承諾	社群	憐憫	能力	完滿	沉著	自信	連結	意識	一致	知足	貢獻	合作
公平	信心	家庭	無懼	凶猛	強健	適應性	流利	焦點	堅忍	自由	友善	友誼
強烈	親密	內省	參與	喜悅	仁慈	學習	活躍	長壽	愛	忠誠	專精	成熟

勇氣	禮貌	創意	信用	好奇心	可靠性	深度	決心	慾望	勤奮	感知力	毅力	堅持
樂趣	慷慨	付出	恩惠	感激	成長	指引	幸福	和諧	健康	滿意	安全	自制
意義	正念	動機	虛心	開放	樂觀	組織	耐心	熱情	和平	仔細	深思熟慮	適時

嬉鬧	愉快	享樂	務實	存在	合理	反思	放鬆	可信賴	韌性	剛毅果斷	足智多謀	尊重
無私	自力更生	自重	性慾	分享	簡樸	誠懇	熟練	靈性	穩定性	實力	成功	支持
信任	值得信賴	真相	理解	實用性	美德	遠見	義工	熱心	任性	樂意	智慧	疑惑

責任

克制

崇敬

同情心

團隊合作

感恩

年少

熱心

你可能會注意到自己有非常強烈的價值觀,意思是你記錄自己的列表是很容易的。或者你可能在列出自身價值觀時感到很困難,因為你的行為讓自己和價值觀脫節。別急,你可以慢慢做這個列表,花多少時間都沒關係。

下一步是要把你的價值觀和你的意圖做連結。你的意圖是展現價值觀的行為。你的行為意圖是你對自己的承諾,在關係中成為你想成為的人以及做重要的事情。你會面臨許多我們先前點出並討論過的阻礙——你的想法和你的感覺。這些痛苦的因素可能會干擾你,讓你無法專注於活出自身價值觀的承諾。

在你的紀錄本中寫下每一項價值觀,以及你對每一項價值觀的意圖。

範例如下：

價值觀	意圖
開放	揭露自己各個部分，而非隱藏起來。
勇氣	當我害怕被遺棄時，我不會自己先抽離。
連結	我會和他人做有意義的接觸，而不是去疏遠。
好問	當我不了解一件事情時，我會去尋求釐清。
正念	我會臨在當下，而不是困在過去或擔心未來。

當你完成這項練習後，感覺如何？你對自己想要如何過生活是否更清楚了一些？你是不是更能看出，你的價值觀和意圖可以讓你維持在正軌上，讓你更加接近建立長久有愛關係的目標？

在接下來兩章裡，你會學習新的技巧和工具，協助你管理你在關係中經歷的苦惱、焦慮和痛苦。當你把無益的行為反應置換成由價值觀驅動的新行為模式，你的關係將會獲得改善，但這並不會消除原有核心信念所帶來的痛苦。謹守自己的價值觀，並且學習新的工具和技巧來管理你的痛苦感受和想法，將有助你維持在正軌上。你的旅程將繼續下去……

6

你在想什麼？
了解你的心思意念

停止嘗試控制負面想法

現在就來進一步探索想法。我們的負面想法就像我們的核心信念一樣，永遠都不會消失。

所以，你需要發展出新的方式，在你那些無益的想法冒出來時——它們一定會冒出來——去處置它們。在前一章裡，你檢視了無法讓你更接近自己想要的關係的那些行為。你的核心信念觸發情境、覺察了你對核心信念觸發事件的反應、學習了正念如何協助你臨在當下，以及發掘了價值觀作為改變動機的重要性。在接下來三章裡，我們要來看你的負面想法和情緒會如何影響你並且觸發你的無益行為。你的無益想法、情緒和行為，都在對你的關係和生活品質造成負面衝擊。試圖控制情況和控制他人，只會帶來挫折與痛苦。隨著我們檢視無益的行為，你會開始了解到，確實有方法能夠擺脫這種為了因應核心信念帶來的痛苦而引發更多痛苦而且又有害的行為模式。你準備好再朝健康滿足的關係更進一步了嗎？請繼續讀下去。

Love Me, Don't Leave Me 160

發行為造成了你在關係中的問題。這些都是你的行為阻礙。隨著你從核心信念驅動的行為轉移到由你的價值觀所驅動的行為，你會注意到自己仍在面對負面的想法。這些想法即是認知上的屏障，阻礙了你的關係發展。

為了對你的想法有不同的回應方式，你需要變得更能覺察那些想法，並且了解它們是如何運作的。首先，我要先把核心信念驅動的想法分成三個類別：

1. 根據你過去的經歷所做的「預測」（可能包括遺棄、傷害、拒絕和失敗等等的想法）。

2. 過去失去或失敗經歷的「記憶」。

3. 對你自己和對他人的「負面批判」。

這些想法——「他會離開我」、「他會生病過世」、「永遠不會有人了解我」——會觸發你的核心信念行為（戰鬥、逃跑、僵住、或強迫）。身為因為遺棄核心信念而受苦的人，當你經

161　第 6 章　你在想什麼？了解你的心思意念

歷些微的拒絕跡象時，就會有預期自己會失去或被遺棄的想法。你無法停止這些想法——我們沒有人可以阻止自己的想法持續跳出來。

說到想法跳出來，有個有用的方式能把想法概念化，那就是把想法想成是爆米花機裡面的玉米粒（Hayes, Strosahl, and Wilson, 1999）。想像你的頭腦是台從不關機的爆米花機。我們的想法會一直跳出來，不會停止，也無法阻擋。腦袋隨時隨地都在製造任何它要的想法，就像爆米花機有著無限供應的玉米粒。我要再次強調，不管你有多努力不讓負面或無益的想法進入腦袋裡，這類想法就是會出現。事實上，你越抗拒這類想法，這類想法就越可能出現，而且它們絕對會贏。我們的負面傾向比任何我們可以用來與之對抗的正面想法都還要強大。

奮力掙扎去對抗負面想法只是徒勞。想像跟你自己的腦袋來場拔河（Hayes 等人，1999）。你越努力掙扎要把那些想法拉出腦袋，你的腦袋就越會把那些想法拉進來。你的腦袋有無限供應的記憶、預測和批判。唯一有用的做法，就是停止拉繩子——放掉它——停止嘗試控制你的腦袋，轉而去接受這些想法總是會存在的事實，你要做的只是讓你的想法流進來又流

Love Me, Don't Leave Me　162

出去，儘管這些想法有時候會很痛苦、很惱人。

你可以選擇困在你的負面想法裡（你可能已經這樣做過好多次了，也知道這麼做並無法帶領你向前邁進），你也可以選擇把它們推開，但你知道它們還是會回來的。核心信念的想法是很好鬥的，它們很愛把你拉進戰鬥裡。事實上，這麼做似乎只會讓它們更強大。如果你試著讓自己分心不去專注在你的想法上，可能會有短暫的效用，但那些想法還是會再回來。如果你使用毒品、酒精、危險性行為、賭博、或購物來麻痺自己，負面想法一樣會再出現，而且你很可能會因為自己的因應行為而對自己有更多負面想法。

透過「分化」的方式——拿走力量或把力量最小化——來處理你的想法，包含三個部分：觀察、標籤、以及放手。

觀察你的想法

在第四章，你做過了正念練習，對於自己的腦袋和想法有更高的覺察力。透過單純去「觀

標籤你的想法

在接納與承諾療法中,分化想法的關鍵方式之一就是給想法「貼標籤」(Hayes 等人,1999)。如果你承認並接納自己的想法,你就拿掉了它們的力量。它們不再被認定為真相,不再被認定是對你或你的處境的正確描述。它能想像你進去給它們命名或貼標籤嗎?做法非常簡單,它是什麼驅動的想法經常會進到腦袋裡。你可以直接稱呼它什麼:「這是別人會拋棄我去追求更好的人的想法。」「這是我會失敗的想法。」或者你也可以簡化為:「這是我會被背叛的想法。」「這是我的遺棄想法。」「這是我的失敗想

察」你的想法,你可以看到你當前的處境,不讓這處境去觸發你的核心信念以及自發性的行為反應。要記得,想法只是暫時性的經歷,不需要透過行為反應來造成次要痛苦。不帶批判地觀察你的想法,會讓你對當下有更好的覺察力。觀察你的想法是第四章「練習7:正念呼吸」的一部分。請回頭查看該練習的內容,並且每日做練習。

Love Me, Don't Leave Me 164

法。」「這是我的不信任和受虐想法。」或者透過你的核心信念類型來命名：「這是我的遺棄核心信念。」「這是我的不信任和受虐核心信念。」選擇一個你喜歡的貼標籤方式。

如果你經常出現的想法和某個特定的人有關，那你可能可以考慮一下妮娜的做法。妮娜有遺棄和缺陷核心信念。她的無益想法通常會在事情進展順利的時候浮現。幾年前，她愛上一個很棒的人，對方對她很好，而且無條件愛著她。妮娜把她對男友以及這段關係的興奮之情分享給她媽媽知道，希望媽媽也會為她感到高興。但她媽媽的回應是：「你何德何能值得擁有這麼好的人？」妮娜極度震驚。現在，當那些痛苦的無益想法在她腦中浮現時，她會稱這些想法是：「老媽來了！」

練習 14

為你的想法命名

你的核心信念所驅動的想法可能經常會在腦中浮現,特別是當你在經核心信念觸發事件時。你無法擺脫這些想法,因此,讓我們試著透過給它們命名來分化它們。

在你的紀錄本裡寫下你經常出現的無益想法(「我害怕有一天我醒來時,他就不在了」、「我很擔心會暴露了真實的自己」等等)。在每個想法後面,給它貼上標籤或幫它命名。嘗試使用各種不同的技巧:它是什麼就直接稱呼它什麼(「這是有一天我醒來他就不在了的想法」)、給它一個標籤(「這是我的缺陷想法」)、或者用核心信念來分類(遺棄、不信任和受虐、情感剝奪、缺陷、或失敗)。

放掉你的想法

「放手」是處理想法的分化技巧的第三項元素。當你在練習放掉你的想法時，想像你的想法真的轉身離開，並且最終消失在視線裡，這是有幫助的做法。你甚至可以賦予你的想法一個形體，會讓這個做法更容易些。使用最適合你的意象。例如，珍妮佛每週都要花好幾個小時通勤上下班，因此路標是她有共鳴的影像。當她在開車時，她會想像在路標上看到她的想法，然後她會經過那些路標，接著放掉她的想法。同樣地，唐妮經常搭飛機出差或旅行，她選擇把她的想法想像成雲，她在搭機前往下一個地點途中，會飛過這些代表她想法的雲。

167　第 6 章　你在想什麼？了解你的心思意念

放掉你的想法

練習 15

現在,換你試試看放掉你那些無益的想法。閉上你的眼睛,想像透過路標或雲朵來釋放你的想法。或者試試其他的概念:

- 想像你的想法是在溪中漂走的葉子。
- 想像你的想法在氣球上,你放手看著氣球飛走。
- 想像你的想法在石頭上,石頭從山坡滾下。
- 或者想想其他你有共鳴的影像,可以是有趣的東西,或者你熟悉的事物,像是電視新聞畫面底下的字幕跑馬燈。

在你的紀錄本裡寫下你想像用來釋放想法的影像。

要記得，你的想法有自己的生命。你無法控制它們或是叫它們走開。如果你試圖忽視它們，它們反而更會頑固的存在。解決方法就是：承認它們的存在，然後放手讓它們流過。練習觀察、標籤和放手。想法會再回來，而你也會再次使用相同的方法去處理。隨著你對觀察、標籤、放手運用得更為自如，你會注意到，你有些想法會比其他想法更強大、更干擾、也更容易讓人偏離正軌。很重要的是你要去分辨這些想法，並且仔細地檢視它們。

還記得妮娜和她的痛苦想法嗎：「你何德何能值得擁有這麼好的人？」她的想法就是她媽媽說過的話。妮娜發現，當她在一段關係裡感覺很好時，這個想法或類似的想法就會經常出現，像是「你不值得」和「你沒有價值」。會有這類想法，問題就在於妮娜相信了她媽媽對她的信念，而這經常會造成妮娜自行破壞關係。在面對特定難以處理的想法時，你可能要更仔細去檢視這些想法，藉此來和它們保持距離。

169　第 6 章　你在想什麼？了解你的心思意念

和難以處理的想法保持距離

和妮娜一樣，大多數人都有著和自身核心信念連結的無益想法。和妮娜一樣，你也可能有一些非常棘手而難以處理的固著想法，儘管你盡了最大的努力要分化這些想法也沒有用。這些特別難處理的想法會持續造成你做出無益的反應行為。你或許會覺得一切協助都沒有效，覺得自己已經走投無路。你已經試過去接納這些想法、去觀察它們、去標籤它們、去放掉它們，但是有時候，你還是覺得自己在做出負面的回應。這時，運用你的價值觀作為指引，會格外有幫助。

練習 16

透過價值觀跟難以處理的想法拉大距離

在第五章，你檢視了自己的價值觀。回頭看看你寫下的重要價值觀列表。

Love Me, Don't Leave Me　170

接著,去回想那些揮之不去、特別難處理的想法——那些讓你的行為偏離自身價值觀的想法。把這些想法寫下來。

現在,讓我們仔細看看你這些難以處理的想法。在你的紀錄本裡寫下對下面這些問題的答案:

- 這個想法第一次出現是什麼時候?
- 這個想法如何影響你的行為?
- 這個想法對你的關係造成什麼負面影響?
- 你能夠接納這個想法,同時繼續遵循你的價值觀來行事嗎?

透過分析你的想法,並且辨別這個想法來自哪個過去的經歷,你是否能夠感受到自己和此想法之間有保持了一些距離?你是否看出這些難以處理的想法是如何阻礙了由價值觀所驅動的人生?

讓我們來看看妮娜如何針對她的想法來回答這些問題。

- **這個想法第一次出現是什麼時候？**

  這種「我不夠好」的信念可以回溯到我的童年，但我媽媽說的那句話，把這個信念深深烙印在我心裡，那是發生在我二十歲出頭。現在我已經四十出頭，這個信念依然強大。

- **這個想法如何影響你的行為？**

  這讓我隱藏了真實的自己，以避免另一個人看到我的真實樣貌——沒有價值、有缺陷——就會遺棄我，進而造成我的痛苦。

- 這個想法對你的關係造成什麼負面影響？

  這個想法還是會帶給我痛苦。它讓我無法與人產生真切真誠的連結，因為我花了很多力氣在隱藏真實的自己。

- 你能夠接納這個想法，同時繼續遵循你的價值觀來行事嗎？

  是的。我承諾要採取必要的做法來讓自己對他人更加開放，致力建立真誠的關係連結。

你那些難以處理的想法也是你故事的一部分。就像第四章，你能夠透過柏拉圖洞穴寓言的意象來和你的故事保持距離一樣，你也可以和這些屬於你故事一部分的痛苦想法保持距離。你可以看到你的故事和你的想法對你來說都是行不通的，它們並沒有讓你更接近你的價值觀，它

內在批評者的角色

我們都跟這個常駐的敵人很熟。他總是不請自來，說著各種糟糕的事情。想用一瓶酒或一桶巧克力脆片冰淇淋來堵住他的嘴是沒用的，用和善的話語對他諄諄教誨也只是白費口舌。每當你以為自己已經習慣了他的存在，習慣了他帶給你的痛苦情緒，他就會再加大力道：「你以為現在感覺很糟嗎？我可以讓你感覺更糟！」是的，這就是你的內在批評者。我們每個人都有一個。你的內在批評者是個蓄意從事破壞的人，經常在講述著你的痛苦故事——他就是那個搖

我們的想法還有另一個讓我們困在自身故事裡的方式，那就是：當我們的負面想法由我們的內在批評者來陳述的時候。讓我們來看看這個「內在批評者」的角色。

們並沒有增進你的生活或增進你的關係。你的故事和你的想法一直在指引你的人生。當你透過保持距離來把它們放到適當的觀點裡，你也就騰出了空間來選擇你想要成為的模樣，選擇你想要在關係裡呈現的模樣。

Love Me, Don't Leave Me　174

晃你的雪景球的人。他聽起來就像任何一個曾經傷害過你的人，甚至是這些人的綜合體。他透過提起你過去的經歷來鞏固你的核心信念：

「別信任這個人！還記得上個在一起的人背叛了你嗎？」（不信任和受虐核心信念）

「感覺他正在疏遠你。上次你有這種感覺時，那個人離開了你！」（遺棄核心信念）

「看看他跟同事說話的樣子！她的地位比你還重要。他遲早會離開你，去追求更好的人！」（失敗核心信念）

「別讓他看見真正的你。上一個看過的人就不再跟你聯絡了！」（缺陷核心信念）

「他還沒跟你說過他愛你。他大概永遠不會說了！」（情感剝奪核心信念）

聽起來很熟悉嗎？

如果你正在經歷觸發你某個核心信念的事件，你的內在批評者就會馬上提出解決的捷徑，引起你的注意。不過要是你照著他說的做，他就會帶你走進關係的陷阱裡。你的內在批評者不會協助你更接近自己的價值觀或更接近創造健康關係的渴望。所以，讓我們來擺脫掉你的內在

175　第 6 章　你在想什麼？了解你的心思意念

批評者吧！

不幸的是，要擺脫他並不是那麼簡單。擺脫你腦袋中負面或不愉快的部分，聽起來似乎是個好主意。但事實上，這讓我想起了金·凱瑞和凱特·溫絲蕾主演的電影《王牌冤家》。他們兩人有一段吵吵鬧鬧的關係，而她一直想忘掉這段關係的不好回憶，但這手術只能藉由完全消除掉關於另一個人的記憶，才能達到刪除兩人在一起的記憶這個目的。他發現她做過了這項手術，決定自己也要去做相同的手術。但在他動手術的過程中，他領悟到兩人在一起時有一些很棒的回憶，而他並不想消除這些回憶，即使這意味著他必須忍受這段關係裡帶來的痛苦情緒。

不愉快的痛苦回憶總是伴隨著愉快的回憶，所以我們必須學著完全接納它們。你無法擺脫掉內在批評者，那麼你可以怎麼做呢？對於你的核心信念，你已經有了新的認識；對於你的想法、情緒和衝動，你已經有了自我覺察；對於你的價值觀，你已經加以辨別與確認；你也承諾了要以價值觀為基礎的行為模式；那麼當你內在還有個敵人經常在設計頭腦和關係陷阱的情況

下，你該如何前進呢？答案是：你需要培養自我疼惜。

培養自我疼惜、善待自己的習慣

你必須培養對自己的疼惜。我很確定，你對疼惜之心並不陌生——你很可能會對家人和朋友展現過疼惜之情。「疼惜」就是對他人的同情和憐憫，尤其是在他人遭遇困苦的時候，希望藉此減輕他人的痛苦，焦點主要是要消除苦痛。那麼，什麼是「自我疼惜」呢？自我疼惜就是對自己仁慈、關心自己、消除自己的苦痛，雖然你會去聆聽內在批評者引起的想法和感覺，但不會去認同這些想法和感覺，或者讓它們去刺激活化你的故事。

培養自我疼惜最簡單的方式就是找到你的內在小孩。想像不去注意到一個受傷脆弱的小孩、不去安撫他和減輕他的痛苦，是多麼困難且幾乎是不可能的事。在這本書的頭兩章裡，你已經知道了你自己就是那個受傷又脆弱的小孩。當你的核心信念——那些因為痛苦的兒童和青少年時期經歷所形成的信念——被觸發時，你通常會感覺自己像個小孩一樣。那小孩依然是

第 6 章　你在想什麼？了解你的心思意念　177

你的一部分，而她渴望受到慈愛的對待。她渴望能不再受苦，不再被內在批評者的無益言詞打擊。你能想像對你的內在小孩發揮憐憫之心嗎？你能想像保護你的內在小孩不被你的內在批評者攻擊嗎？如果你可以想像，那麼你就能夠有所作為來對「你自己」展現憐憫。

練習自我疼惜意味著讓你的心變得柔軟，而且讓你和內在批評者保持距離，和那些強化遺棄恐懼與缺陷不足感受的負面評論保持距離。要和你的內在批評者保持距離，我們先來看看他帶來破壞的方式。

你的內在批評者會放大你的每一個錯誤。他這麼做是要避免你再犯相同的錯誤。問題是，他的批評可能太過嚴厲，這會讓你覺得自己很糟糕──糟糕到讓你會戰戰兢兢、竭盡所能地避免可能跟這個「錯誤」沾上邊的任何事物。這意味著你可能會有逃避的行為，例如，如果你害怕關係失敗，你可能會停止嘗試新的行為，或者停止承擔任何風險，藉此避免引起內在批評者的側目。

重點是，你需要意識到哪些行為是沒有幫助的，才能協助你達到目標。然而，當這過程中

Love Me, Don't Leave Me　178

加入了批評和負面的反饋，你的行為可能會更惡化。這是因為內在批評者提出過度嚴厲的自我批評，不但會造成反效果，而且還會導致抑鬱和焦慮。內在批評者可能讓你對自己的弱點有很強的防衛心，這也使得你對自己誠實以及為自己的行為和錯誤負責都變得更加痛苦。這可能導致你變成習慣性責怪他人、責怪環境、責怪你的故事（結果就變成困在故事裡）。

關於自我疼惜和情緒健康之間正向關聯的研究結果引人注目。研究再再證實了，自我疼惜程度越高，焦慮和抑鬱的情況就越少。自我疼惜的一個關鍵特徵就是不會自我批評，而自我批評則是焦慮和抑鬱的已知重要預測指標（Blatt, 1995）。此外，「自我疼惜會解除威脅系統（和不安全依附、缺陷、以及自主神經激發有關聯的感受），並且啟動自我安撫系統（和安全依附、安全感、以及催產素—麻醉劑系統有關聯的感受）。」（Gilbert and Irons, 2005）研究也顯示出，自我疼惜會降低皮質醇（壓力賀爾蒙）的水平。最後，自我疼惜是有意義人生的一項重要元素，和社交連結、情緒智力、生活滿意度、以及智慧等感受有關聯（Neff, 2003; Neff, Rude, and Kirkpatrick, 2007）。有大量的研究提出令人信服的證據說明自我疼惜的重要。自我

疼惜是生命中的關鍵元素,能支持你的價值觀,並且避開頭腦和關係的陷阱,這些陷阱會破壞你創造有意義和長久關係的努力。

我們都有強項和弱點,但當我們以健康、支持、情感上安全且不帶批判的方式來檢視這些強項和弱點,才會比較容易從中學習。自我疼惜讓我們能夠做出改變,讓我們更接近以價值觀為基礎的行為模式,並且實現我們想建立健康關係的渴望。

這趟旅程有一大部分是關於「接納」——接受你的童年和青少年時期曾有過的痛苦經歷,接受你會因為核心信念的緣故而在關係上面臨許多挑戰,接受有其他做法能取代責怪自己和他人,接受你能夠仁慈、關愛、理解且不帶批判地對待自己。

自我疼惜有一項元素是「共通人性」。每個人都是受苦的、每個人都會經歷痛苦、每個人都會犯錯、每個人都有失敗的經歷,時時覺察並認知到這一點,能夠把你的孤立感降到最低,不再因為你的弱點而責怪自己。

我們得承認,沒有人是完美的,我們都會犯錯。差別在於我們如何面對並處理自己的錯

Love Me, Don't Leave Me 180

誤，以及我們在犯錯之後如何對待自己和他人。你是否會仁慈地對待自己，還是你會苛責自己？你是否能坦然面對你的痛苦，還是你會竭盡所能地避免痛苦（例如，責怪他人，孤立自己，用藥物、酒精、暴飲暴食、或者瘋狂工作來麻痺自己）？一邊的行為是有益的，另一邊的行為是無益的。你的痛苦經歷、痛苦想法、痛苦情緒和痛苦關係已經讓你很受苦了。是不是該停止掙扎，接受新的方式來對待自己呢？是學習「善待自己」這個全新態度的時候了。這是自我疼惜的核心，意味著對「你自己」仁慈，保持正念，並且理解痛苦是不可避免的。

帶著憐憫之心來對待自己。當你犯錯時——而且你是一定會犯錯的——不帶批判地承認錯誤，不帶掙扎地接受痛苦，關心自己，安撫自己，並且保持在當下的經歷中，而不是藉機去活化你過去的故事，或是激起對於未來的災難性預期（例如，「沒有人會再愛我了」、「我最後一定會孤獨一人」、「我永遠都不夠好、不值得被愛」）。做個承諾，給予你自己那些你在年輕時就應該獲得的東西——那些可能一直都還沒人給你的東西——而是去認可你已持續盡自己所能做到最好的努力。允許你可以受到痛苦情緒的影響，而不

181　第 6 章　你在想什麼？了解你的心思意念

練習 17

疼惜你的內在小孩

找一張你童年時期的照片。

看著照片,並且在你的紀錄本裡寫出你想做什麼或說什麼來讓照片中的是責怪自己,進而造成更多的痛苦。

請和你的內在小孩連結。如果你很難跟你的內在小孩連結,《解除自戀者的武裝》作者溫蒂・比哈里(Wendy Behary)建議,你可以隨身攜帶自己小時候的照片(可能要護貝以避免磨損),當你需要對自己心軟的時候,就看看這張照片。你想對這個小孩說什麼?試試看對這個孩子說:「我在這裡陪你。你犯錯了沒關係。我們都會犯錯。這只是學習和成長過程的一部分。」

小孩感到安全、被愛、被接納、被欣賞、被安撫、被珍惜、被疼愛和被尊重（條列式或段落式皆可）。

當你看著自己小時候的照片時，你有什麼感覺？

你是否能對自己敞開心房？

你是否發現這樣會比較難去批評自己？

當你需要回想要為照片中的小孩做什麼時，就看看這張照片。憐愛疼惜自己，便是朝著憐惜他人並建立長久有愛關係邁進一大步。

在下一章，我們會進一步檢視情緒，以及探索管理情緒的方式。這趟旅程將繼續下去……

7

為什麼你有這樣的感覺？
穿越情緒的迷霧

當下的情緒是過往經歷的反射

情緒上的痛苦，是驅動我們表現出無益因應行為的因素。當你感覺受傷時，你並不想感受那份痛苦，因此你做出反應來消除你的情緒之痛。然而，你的反應並無法擺脫你的痛苦。事實上，這些反應甚至增添了你的痛苦。儘管你做出努力，還是無法擺脫痛苦的情緒和負面想法，它們還是會一直跳出來。那麼當你的痛苦情緒浮現時，你該如何面對並處理呢？

你要學習一些策略來接受它們。是的，接受你的痛苦情緒。你大概很疑惑：那些痛苦情緒造成了我的痛苦，為什麼我還要學習接受它們？

首先，我們來看一下，當核心信念遭到一個情境或互動過程觸發，讓一些情緒浮現時，究竟發生了什麼事。你有著很強烈的感覺，這些感覺很痛苦，而且可能還讓你想起了先前經歷過相同痛苦感受的時候。那種感覺就好像你又回到了雪景球裡的場景，而且開始下起雪來。你可能不再能掌握當下的情況，因為你在經歷的是讓你想起過去的情緒感受。如果你真的被雪景球

Love Me, Don't Leave Me　　186

的場景給愚弄了,你就會做出無益且自我挫敗的反應。你的故事存在於過去,但是當你的核心信念遭到觸發時,那些情緒和感受是那麼似曾相識,很容易就會蒙蔽了你,讓你看不清楚你正處在不同時間和地點的事實。

還記得第三章描述的凱莉的舊金山雪景球嗎?那顆雪景球已經有十三年歷史了。儘管那些地標仍存在舊金山,但城市的景色已經有了巨幅改變。我們現在居住的建築,在雪景球捕捉場景時還不存在。那時,泛美金字塔是舊金山少數的高聳建築物之一,現在則已有為數不少的高樓。我要表達的重點是,你的雪景球——會遭核心信念觸發事件啟動的那顆雪景球——是存在於過去的。你的雪景球捕捉到的時空,是你經歷痛苦事件形成核心信念的那個時候。

練習 18

看清當下的痛苦是過往記憶的重播

回想一個過去的痛苦事件，那可以是代表你其中一項核心信念的一個經歷，或者是對你來說格外痛苦的事件。在你的紀錄本裡寫下對下面這些問題的答案：

- 你的雪景球場景是在哪裡？
- 你的雪景球裡有哪些人？
- 你的雪景球場景對你的意義是什麼？
- 你的場景連結了哪些情緒？

現在，你已經在你的雪景球裡捕捉到一個過去的場景，你是否能夠辨識出與過去連結的核心信念遭觸發時所浮現的痛苦情緒？然後，你是否能夠把你

Love Me, Don't Leave Me

的覺知帶回到現在，去抵抗想要做出行為反應的衝動？你是否能夠提醒自己，你的負面想法和強烈情緒都是來自這顆過去的雪景球？

還記得第三章提到的艾瑪嗎？她的父母在她剛升上高中三年級時離婚了。我們來看看她的這個練習。

- 你的雪景球場景是在哪裡？
  我的雪景球場景是在一個海灘。

- 你的雪景球裡有哪些人？
  只有我站在海灘上看著海。

- 你的雪景球場景對你的意義是什麼？

  我很孤單，因為當我的父母離婚時，我覺得自己被他們遺棄了。我覺得他們在財務上和情感上都讓我失望。我當時正處在申請大學的壓力下，而且從高中到大學是個巨大的轉變，但他們兩人都沒能給予我所需要的愛和引導。海洋代表著我必須獨自面對和處理的一切——廣大、無邊無際、排山倒海而來，就像海洋一樣。

- 你的場景連結了哪些情緒？

  我很害怕、寂寞、憤怒、悲傷。

你也可以創造新的雪景球，一個代表你的現在或未來的雪景球。你可以在裡面放入任何東

Love Me, Don't Leave Me

接受情緒的本質

當你面對一個被負面情緒淹沒的情景時,你該如何處理那些情緒?當你覺得自己快要失控時,你該如何處理自己的痛苦?你是否立刻對那個觸發排山倒海負面情緒的人大發飆?還是你會逃走,避免溝通,然後喝幾杯雞尾酒來努力忘掉這件事?你的頭腦是否過度聚焦在發生過的事情上,以致你感到退縮,無法專注於任何事,而且晚上會失眠?

以下這三點是讓我們的情緒揮之不去的原因:

西——或許是符號或小雕像,代表你在第五章所確認的部分價值觀。你可以放入任何東西來協助強化你的覺知,讓你穩固地臨在當下;或者提醒你自己,你已經不再是那個舊的故事,你已經不在那個舊雪景球的場景裡,你不需要再做出任何行為來反映那個舊場景。或者你的新雪景球裡面也可以只有雪,代表你對現在和未來的可能性保持開放。

1. 反芻：一直不斷反覆思索相同的痛苦經歷。

2. 逃避：不願面對情緒，不願接受情緒的本質。

3. 情緒驅動的行為：自我挫敗且會破壞關係的行為反應。

我猜想你已經發現到這些反應是行不通的。經歷情緒會促使我們採取行動。但關鍵在於要選擇一個不會讓你感覺更糟或讓情況和關係變得更糟的行動。有一項已被證實有幫助的技巧稱為「痛苦耐受力」，這是馬爾沙‧M‧林因漢（Marsha Linehan, 1993）發展的辯證行為療法的一部分。痛苦耐受力讓你不會有面臨長期負面影響的風險，其主要目的是要在不讓情勢惡化的情況下度過一場危機，而覺知便是做出正確決定的根本法則。

讓我們來進一步檢視因應痛苦情緒和情境的方式。當你的核心信念遭到觸發時，你所經歷的情緒會讓你覺得無法忍受，有時甚至會把你壓垮。你會想要迅速擺脫情緒上的痛苦，這是可以理解的。而這總會讓我想起小時候玩過的遊戲：燙手山芋（hot potato）。玩這個遊戲時，我

Love Me, Don't Leave Me 192

們會圍成一圈坐下來，彼此互相丟著一個代表燙手山芋的物品，要越快脫手越好，在音樂或信號聲響起時，別讓自己成為最後拿著那個物品的人（哎喲！被燙到了）。但是，我們的迅速反應或習慣性的因應策略，通常會讓情況惡化，結果也讓我們對自己的感覺變得更糟。你的策略可能有一些會讓你在短期內感覺良好（例如，吸大麻或喝杯酒可能會舒緩你的焦慮或恐慌），但最終你還是會感受到痛苦。而且長期而言，這些因應策略並不會帶來任何舒緩效果，反而可能製造更多的問題。

你的因應策略造成的代價

在《辯證行為療法技巧手冊》(*The Dialectical Behavior Therapy Skills Workbook*) 一書中，作者麥凱伊、伍德和布蘭特利 (McKay, Wood, and Brantley, 2007) 提出了一項練習，設計來覺察你的無益因應策略所帶來的代價。我在本書中把這項練習稍作修改。

練習19 辨識你的無益因應行為和其代價

在我們開始之前,請回頭看看你在第三章「練習4:當核心信念被觸發時,你如何反應」的回答。

現在,帶著這些回答,在下面的表格裡辨識你的無益因應行為和這些行為造成的代價,然後把這些行為和代價寫下來。我在表格裡納入了「其他」這個項目,若你有其他相關的行為和代價,就記錄在此項目裡。

無益的因應行為	代　價
責怪、批評、挑戰、或反抗他人	失去友情、浪漫關係和家人;人們會躲著你;你傷害他人的感情;其他:
表面上順從,但實際上透過拖延、抱怨、動作慢吞吞、或表現差勁來加以反叛	忍受不健康的關係;造成工作上的問題;其他:
控制他人來達成自身的目的	疏遠他人;傷害他人;其他:

Love Me, Don't Leave Me　194

行為	後果
試圖透過讓人刮目相看來獲得關注	錯失與他人真誠的連結；疏遠他人；其他：
透過操控、利用和誘惑來達成自身的目的	破壞關係；製造不信任的氛圍；疏遠他人；其他：
孤立自己；在社交上退縮；與他人切斷連結	錯失愉快體驗和其他好事；感覺沮喪、孤單和寂寞；其他：
展現獨立和自食其力；從事獨自一人的活動，例如閱讀、看電視、或使用電腦	花更多的時間獨處；感覺更沮喪、孤立、孤單；其他：
透過強迫性的購物、性、賭博、冒險、或體能活動來尋求刺激和分散注意力	財務問題；健康問題；關係問題；羞愧感；死亡；其他：
透過藥物、酒精、食物、或過度自我刺激來麻痺自己	對抗成癮的問題；健康問題；關係問題；金錢損失；其他：
透過切割關係、否認、幻想、或其他內在的退縮形式來逃避	感覺孤單、羞愧和沮喪；其他：
太過依賴他人；讓步；被動；避免衝突；試圖討好他人	關係被你的需求給壓垮；你的需求沒得到滿足；其他：

這項練習非常有幫助。有時候我們要到事情真的發生了,才會了解到我們這些無益行為的代價。透過這項練習,我們很快就可以清楚看到,你在經歷無法忍受的痛苦情緒時所做的行為反應,不僅沒有幫助,而且還具破壞性。這些行為很快就會讓你從痛苦轉而陷入折磨當中。請謹記:透過無益的回應來逃避痛苦,或許可以很快分散注意力,但效果是很短暫的。

我先前已經講過,這裡再強調一次——痛苦是無法避免的。痛苦是人類經歷的一部分。然而,痛苦的另一面——受苦折磨,則是可以避免的。你能夠控制自己在什麼時間和什麼地點經歷受苦折磨。如果你透過無益的(適應不良的)因應行為來處理你的痛苦,那麼你就會創造受苦折磨。我們的目標是要透過健康的行動來處理痛苦。做得正確,你就永遠不需要再經歷折磨——你可以從生命中消除掉那些折磨。這是在你掌控之中的。接著,我們來辨識一些健康有

Love Me, Don't Leave Me 196

將注意力從痛苦的感受上移開

想像你開車行駛在高速公路上，突然間你進入一片霧裡，看不見前方的路，也看不到四周的車。試問你還會維持在時速一百公里嗎？還是你會放慢速度，靠路邊停，等待濃霧散去？很有可能你會慢下來停靠路邊，因為在這樣的狀況下，保持原本的速度是很危險的，而且可能會造成傷害。

現在想像一下你進入了排山倒海的負面情緒濃霧裡。請謹慎地慢下來，靠邊停，等到濃霧消散了，再回到你所面對的情況。在你等待痛苦情緒的濃霧消散這段期間，你可以從事分散注意力的活動。當你再次上路，你會知道你已經讓情緒的迷霧消散；你可以回到眼前的情境裡，因為你知道你已經把任何可能的額外問題降到最低或排除了。

那麼，什麼算是分散注意力的活動呢？任何可以轉移你對眼前痛苦情緒注意力的健康活動

都算。做些別的事情，而不是一如往常對核心信念觸發事件做出適應不良的反應。在這段轉移注意力的時間裡，情緒的張力就能夠降溫。當你的負面情緒變得較容易處理，而且你也和負面情緒保持了一些距離（時間通常會有幫助），這時要做出有益的選擇便會容易許多。

分散注意力的活動並不是要試著閃躲或逃避你的情緒；做這些活動是要等待迷霧散開，這樣你才能看得更清楚。分散注意力是要在當下維護你的安全，避免你做出不健康且沒有幫助的行為。接下來是一些活動的建議，當你被負面情緒淹沒時，你可以藉由這些活動分散注意力，避免做出適應不良的因應行為。在這些建議列表的結尾，你可以根據自己的情況、可利用的時間、機會和合適性來建立自己的分散注意力計畫。

運動

任何形式的運動都有幫助。運動會釋放腦內啡，這是自然的消除疼痛和抗憂鬱物質，可以提振心情，促進整體健康。腦內啡也會降低皮質醇（壓力賀爾蒙）的水平，提升並維持自尊的

Love Me, Don't Leave Me   198

感受。體能活動可以給血壓、體重、心臟疾病、第二型糖尿病、失眠症、抑鬱、焦慮、骨質密度、肌肉強度、免疫系統、關節活動度等帶來改善。此外，運動會提高腦部的血液和氧氣流動，增加對認知有幫助的化學物質（多巴胺、麩氨酸、去甲基腎上腺素和血清素），也會增加生長因子，有助新的神經細胞生成。換句話說，你不只是在轉移對不健康和無益行為的注意力，同時你也是在從事對身體和心理都有助益的活動。

這是很有說服力的論點，讓你在需要進行分散注意力的活動時，可以選擇從事一種或多種體能的活動。

需要一些運動方面的建議嗎？以下是可以參考的部分運動項目：

- 有氧課
- 射箭
- 徒步旅行
- 跳繩
- 獨木舟
- 足壘球
- 足球
- 壘球
- 競速滑冰

第 7 章　為什麼你有這樣的感覺？穿越情緒的迷霧

羽毛球　跆拳道　飛輪課

芭蕾　風箏衝浪　伸展

國標舞　長曲棍球　衝浪

籃球　武術　游泳

自行車　板網球　桌球

駕船　划槳板　團隊競賽

保齡球　皮拉提斯　網球

拳擊　壁球　彈跳床

槌球　攀岩　懸吊式阻抗訓練

混合式健身　直排輪　排球

標槍　溜冰　散步

擊劍　划船　水中有氧

釣魚

飛盤

高爾夫

手球

健行

馬匹照顧

騎馬

滑冰

慢跑

橄欖球

跑步

帆船

水肺潛水

沙狐球

浮潛

滑雪

雪地摩托車

雪鞋行走

水球

滑水

舉重

風帆衝浪

摔角

瑜伽

尊巴舞

其他：

嗜好和特殊興趣

另一種分散注意力的活動可以是嗜好或特殊興趣。如果有某件事是你一直想做或是想要更常做的，可以在這時候列出來。以下是部分靈感：

- 動物照護 繪畫
- 打撞球 攝影
- 賞鳥 玩樂器
- 教堂活動 玩撲克牌
- 電玩遊戲 閱讀
- 烹飪、烘焙 看影片
- 手工藝 剪貼簿
- 填字遊戲 縫紉

- 購物
- 外出用餐
- 素描
- 飛靶射擊
- 招待友人
- 睡覺／午睡
- 耕作、園藝
- 串門子
- 上電影院
- 陪伴家人
- 去海邊
- 旅行
- 做家事
- 遛狗
- 寫日記
- 觀看體育賽事
- 織毛線
- 保養車子
- 聽音樂
- 寫作
- 冥想
- 其他：

當志工

當你的核心信念被觸發，而且你被負面情緒淹沒時，一切都變成只關於你和你的經歷。事實上，這種「一切都和我有關」的感覺就是一部分的問題，而這也是為什麼分散注意力的活動是很好的解方，特別是當你把焦點轉移到他人身上時，會讓你不再只注意到自己。沒什麼活動能像為他人服務這麼有意義，同時還能讓你跨出自己的世界。這類活動可能包括到慈善廚房幫忙發放食物給遊民，或者單純幫鄰居老人遛狗。

以下是一些志工活動的建議：

課後輔導

美國紅十字會

動物之家

動物保護計畫

博愛之家

遊民收容所

醫院

圖書館

- 水族館
- 美國大哥大姐會
- 血庫
- 美國男孩女孩俱樂部
- 社區清潔計畫
- 社區園藝
- 日間托兒所
- 救災
- 捐助食物和衣物給遊民、婦女、兒童
- 收容所
- 環保組織
- 食物銀行
- 貓狗認養
- 識字計畫
- 導師計畫
- 博物館
- 養老院
- 公園和戶外區域
- 政治組織
- 退休社區
- 寄送愛心包裹給在海外服務的軍人
- 特殊奧運
- 家教計畫
- 義工教練
- 其他：

完成待辦事項

另一種分散注意力的好方法,是完成一些你在待辦事項清單上列出的事情。這份清單可能包括家中日常清掃、整理、或者個人的計畫。

以下是一些待辦事項的範例:

更換床單

清潔護壁板

清潔廚房櫥櫃和抽屜

清理衣櫥

清理冷凍庫

清理車庫

整理衣物(捐贈、寄賣、贈與親友)

整理浴室抽屜、櫥櫃、藥物櫃

整理光碟片、唱片、遊戲片

整理文件

整理書本

重新粉刷

Love Me, Don't Leave Me 206

清理冰箱

清理車子

建立相簿

洗衣服

清灰塵

熨燙衣服

拖地

修剪草坪

清除雜草

清潔金屬表面

調整家具位置

整理郵件

做新的剪貼簿

吸地板

洗窗戶

其他：

放鬆和寵愛自己

另一種有幫助的分散注意力方式，是做一些放鬆的活動。以下是一些建議：

- 做臉
- 美甲
- 按摩
- 修腳趾甲
- 做日光浴
- 聆聽引導式冥想練習
- 聽音樂
- 冥想
- 閱讀書籍
- 在私密空間裡放鬆
- 泡澡
- 其他：

做一個能夠激勵你的盒子

另一個很棒的分散注意力點子是做一個盒子，在裡面放入你最喜愛的物品、圖畫、信件、卡片、照片和紀念品。這些物品應該要代表開心、愉快、有愛、喜悅、以及有趣的時光。這個盒子是可以帶給你愉快感受的分散注意力物品，當你被負面情緒淹沒時，就拿出來看。我在《青少年霸凌工作手冊》(The Bullying Workbook for Teens)(Lohmann and Taylor, 2013) 一書中讀到關於「藍色代碼盒」的概念（藍色代碼為歐美醫院的成人命危時的緊急搶救代碼）。作者建議用藍色代碼盒作為受霸凌青少年在情緒低落時鼓舞自己的工具。儘管年齡層不同，但這依舊是一個很棒的概念——它可以在你被情緒迷霧困住，忘卻生命中的美好事物時，協助你重新聚焦。

在盒子裡放入這些東西可能對你有幫助：你微笑的照片，或你做著熱愛的活動時的照片；你和喜愛之人的合照；別人感謝你的善行或對你表達感激之情的信件或紙條；或者代表愉快經

練習 20 製作分散注意力計畫

現在，讓我們來製作你個人的分散注意力計畫。在我們開始之前，想想你經常會出現的核心信念觸發情景。回頭再閱讀一次第三章會有幫助。另外，需要從痛苦的想法和情緒中轉移注意力時，可以很方便地查看這些物品。

洛曼（Lohmann）和泰勒（Taylor）建議你列出每一項物品，並且描述它們的重要性。請發揮創意，並且根據自身的需求來調整藍色代碼盒裡的物品。如果你經常要在外面活動，找個可以放到你包包裡的小袋子，在袋子裡裝進對你有重要意義的物品；在你的辦公室裡放個檔案；在皮夾裡或手機裡放個清單；或者拍下這些物品的照片，存在手機裡。這些選項都讓你在歷或探險活動的物品，例如，優勝美地的鑰匙圈、洋基球賽的別針、旅行時在邁阿密海灘撿的貝殼。

Love Me, Don't Leave Me 210

也可以查看你紀錄本中的「練習3：辨識會觸發你核心信念的行為」和「練習4：當核心信念被觸發時，你如何反應」。你通常會在哪些情境下被觸發？有沒有一個經常發生的地點？你被觸發的時候是否通常是在做著某件事情？這次不用紀錄本，而是用一張三乘五吋的卡片、便利貼、或者用你的手機，為你確認的情境列出適當的分散注意力活動。回頭查看前幾頁的建議作為靈感。切記，你最喜愛的活動不一定隨時都是適當的活動（譬如如果你熱愛跑步，但你在上班時間如果需要做分散注意力的活動，大概不太可能翹班去跑步），所以，列表裡也要包含一些適用不同情況和不同環境的活動。

同時，也要列出一些你隨時隨地都能夠使用的分散注意力活動。把這張卡片或便利貼收在皮夾裡，或是把清單輸入到手機裡。現在，你就穿上了分散注意力計畫的盔甲，協助你轉移注意力。你已經確認了一些健康且有益的方式，能在你被情緒迷霧淹沒並困住時，協助你轉移注意力。

211　第 7 章　為什麼你有這樣的感覺？穿越情緒的迷霧

艱困且痛苦的情緒可能導致你從事一些自我挫敗的行為，進而破壞了你的關係。這些情緒也可能造成你困在自己的故事裡，也就是那顆「過往的」雪景球。這些情緒可能形成情緒的迷霧，讓你看不到可行的健康有益回應行為。在本章裡，你進一步了解了你的情緒，以及忍受情緒並和情緒保持距離的方式。在下一章，你將學習如何從自發性的行為反應轉移到深思熟慮的回應行為。這趟旅程將繼續下去……

8

你可以做些什麼？
從慣性回應到有自覺的改變

現在，我們要進一步檢視你的反應行為和這些行為所造成的破壞。每次你的核心信念被觸發時，你就會出現由核心信念產生的痛苦所驅動的回應。這種結果通常都與情緒有關——你可能因為別人看到你的負面狀態而覺得羞愧，或者你可能擔心別人會排擠你。你可能會覺得更孤單、更沮喪。又或者結果是和人際間的溝通有關的——他人可能會利用你、排擠你、疏離你、或者對你生氣。這些結果都不太正面。

如同第三章所討論的四種行為反應——戰鬥、逃跑、僵住、以及強迫——是你的人際關係問題來源，你無法改變你的核心信念，你無法真的改變觸發你核心信念的事物，你也無法改變浮現的情緒，但是你可以改變你的行為反應。

覺察你的行為模式

要改變你的核心信念行為，第一步是去檢視這些行為所帶來的結果，以及辨識行為模式。

我知道這會是個讓人不舒服的過程——被提醒要檢視那些讓我們對自己感覺很糟的行為，或

Love Me, Don't Leave Me　214

是去檢視那些行為所造成的不太成功的結果，在感受上想必不會讓人很舒服。試著不去批判自己，也不要把這些行為套入好與壞的分類裡。不妨把它們想成是有益的和無益的。要改變你未來的行為和行為結果，最好的方式便是透過檢視過去的行為和結果來做到。

首先，我們先回頭看看你在紀錄本中寫下的事情。找到第四章「練習8：掌控你對觸發事件的反應」紀錄。還有沒有其他會觸發你核心信念的情境要加進來的？如果有，就把它們寫下來。現在，我們來回顧一下第三章「練習4：當核心信念被觸發時，你如何反應」。你最常使用哪一種因應行為？或許你會有兩種模式反覆使用：抽離，然後又黏著人。你是否留意到自己的行為有種模式？透過有意識地覺察，你就能夠開始在觸發事件發生的當下察覺到該情境。切記，請不帶批判。因應行為是為了避開核心信念遭觸發後浮現痛苦情緒所做的努力。只是很可惜這些行為行不通——至少從長期來看是行不通的。

在前一章，你辨識了你的行為所帶來的代價。回顧一下你如何回應「練習19：辨識你的無益行為和其代價」。特別留意你特定的無益行為，以及這些行為的結果。如果還有其他的行為

215　第8章　你可以做些什麼？從慣性回應到有自覺的改變

和結果，現在可以加進去。

現在，我們要來檢視你的因應策略會如何影響你的關係。關係中的另一人會如何回應？想對方的即刻反應以及長期回應：他有沒有生氣？是不是不回電話？結果發生什麼事？寫下對方的反應。

你是否意識到自己的行為並沒有帶來自己希望的結果？你是否見到他人反應的模式？很可能那些都不是你想要的反應。你的行為是否有讓你更接近自己想要的關係？

你是否記得有任何情況讓你得到想要的反應或結果？你當時的行為是否和平常不同？如果有不同的話，你那時做了什麼？你是否喜歡那時從對方身上得到的反應？如果是的話，把這個經歷寫下來。

我們很容易就看得出來那些負面想法是道滑坡，它導向了核心信念引發的因應行為。這些對核心信念的痛苦所做出的適應不良反應，是關係的毒藥。那些戰鬥、逃跑、僵住、或強迫的反應，會造成關係中的另一方受傷和抽離，而這會導致失去、疏遠和悲傷的感受。你從經驗裡

Love Me, Don't Leave Me　216

練習 21

連結你的行為和價值觀

要改變已經成為習慣的行為模式，非常具有挑戰性。和任何壞習慣一樣，要回到自己熟悉也舒服自在的事情，通常會比較容易。但你所熟悉的事情——那些無益的行為——並不能讓你更接近自己想要的關係。我知道要採用新的有

得知，自己的想法非常沒有幫助，同時你也在第六章裡更了解了這些無益的想法，以及如何在帶著這些想法的狀態下去發展關係。

現在，讓我們把在這個段落中討論過的所有元素整合在一起，並且提供額外的動機，協助你透過持續地將行為與價值觀連結，去投入健康的行為。接下來這項練習會協助你進一步了解，價值觀如何為行為帶來正面的影響。

217　第 8 章　你可以做些什麼？從慣性回應到有自覺的改變

益行為很有挑戰性，有時候甚至可能感覺笨拙且彆扭。但當你確認了自己的價值觀，並且聚焦在由此做出改變的動機上，就會較容易接受挑戰以及忍受那些不自在與笨拙的感覺。現在，我要再次請你把你的行為連結到你的價值觀。首先，我們來看看你的無益行為。

在你的紀錄本裡寫下對下面這些敘述的回應：

- 辨識你的價值觀，特別是那些與你的關係有關的價值觀。
- 列出你的核心信念。
- 說明你的觸發事件。
- 描述你的無益（適應不良的）因應行為。
- 描述其結果。
- 你的行為是否讓你更接近自己的價值觀？使用下面的標準來為你的答案打分數：

Love Me, Don't Leave Me　218

1分：肯定更遠離

2分：大致上更遠離

3分：稍微更遠離

4分：稍微更接近

5分：大致上更接近

6分：肯定更接近

你是否看到你的無益行為反應如何讓你遠離了自己認同的價值觀？一旦你開始執行新的有益因應行為，我們可以來檢視一下，你是否更接近自己的價值觀。我要你再次做前面的練習，留意有益的行為反應可能如何改變了結果。在你的紀錄本中寫下你對下面這些敘述的回應：

- 辨識你的價值觀，特別是那些與你的關係有關的價值觀。

- 列出你的核心信念。
- 說明你的觸發事件。
- 描述你的有益因應行為。
- 描述其結果。
- 你的行為是否讓你更接近自己的價值觀?使用和上面相同的評分標準來為你的答案打分數。
- 你是否看到你的有益行為如何讓你更接近自己認同的價值觀?

你可能注意到了,要抗拒採用自發性(無益的)因應行為的衝動是很有挑戰性的。投入有益的因應行為需要更多的精力與努力,這點是可以理解的。隨著你更常採行健康的因應策略,

Love Me, Don't Leave Me 220

它們就會成為你新的自發性因應行為。這需要一些時間，但你想採取無益行為的動力，將會轉變成為想採取有益行為的動力。透過運用有益的行為，你會持續出現正向強化的經歷和情緒。你對自己的感受會變得更好，因為你會投入符合價值觀的行為，而且你會和他人有更健康的互動。

嘉莉有遺棄以及不信任和受虐核心信念。透過她父親的言教和身教，她從父親身上學習到不能展現脆弱，因為「每個人都想惡整你」；他還教導她要「時時防備」。

我們來看看嘉莉做的練習：

- 辨識你的價值觀，特別是那些與你的關係有關的價值觀。信任和連結。

221　第 8 章　你可以做些什麼？從慣性回應到有自覺的改變

- **列出你的核心信念。**
  遺棄以及不信任和受虐。

- **說明你的觸發事件。**
  認識新朋友。

- **描述你的無益因應行為。**
  警戒、防衛、有所保留。

- **描述其結果。**
  我和對方沒有連結。我的行為讓對方退卻。我被拒絕了。

- 你的行為是否讓你更接近自己的價值觀?使用評分標準來為你的答案打分數。

分數：1分

嘉莉的無益行為並不符合她所陳述的價值觀。你可能也會有這樣的經驗。回到第五章「練習13：辨別你的價值觀」，複習你針對自己每一項價值觀所陳述的意圖，這會提醒你要投入讓你更接近自身價值觀的行為。在下個小節，你會學習到一項技巧，協助你和無益行為保持距離。

做相反的事

在前一小節，你辨別並檢視了你回應觸發事件或互動的不健康和無益因應行為。現在，我要向你介紹另一項技巧，當你回應核心信念觸發事件以及相關情緒的方式，讓你遠離自己的價

值觀並且破壞了你的關係時，你應該會想要運用這個新的技巧。在這一章和前兩章裡，我們透過想法、情緒和行為來檢視關係發展。這三者是很狡猾的，因為它們會讓我們很容易就困在惡性循環裡——有了負面的想法，接著出現痛苦的情緒，再來就是無益的行為登場，進而更加強化了那些原本就讓我們感覺很糟的負面想法和情緒，造成更大的傷害！

回頭複習一下第四章做過的「練習11：找出破壞關係的核心信念」。你可能很快就會清楚看到，你的行為並無法消除你的痛苦情緒。而且如果你再迅速回顧一下第七章的「練習19：辨識你的無益行為和其代價」，你大概會了解到，這些行為並沒有讓你更接近自己的價值觀。

讓我們來聽聽克萊兒怎麼說（她有遺棄和情感剝奪核心信念）：

當我和很喜歡的人約會時，我會變得很渴望某種形式的頻繁接觸，藉此來確認他是喜歡我的。如果我正在面對工作上的困難情況，或者和一個朋友處得不太好，我就會更渴望獲得來自他的確認。如果他回訊息或電話回得晚一些，我腦袋

裡的小劇場就會開始上演。我會想著：「他不像我喜歡他那樣喜歡我。他會跟我分手。他一定不關心我。」而且我會感覺焦慮、沮喪、害怕、受傷和寂寞。我會有股急迫的需求想要得知真相，因為這種不確定的曖昧不清感受，對我來說會變得難以忍受。

這情況就發生在我最近約會的對象湯姆身上。我打電話給他，他沒有接。我又打一次，他還是沒接。「他為什麼不接我的電話？」我心想。到了第五通電話時，每一個鈴聲都讓我如坐針氈。然後我聽到電話那頭傳來的聲音：「克萊兒，怎麼了？」我說：「嗨，湯姆，沒什麼事。」他說：「該死，克萊兒！我為此中途離開一場很重要的會議，還以為是什麼緊急的事！」喀擦。他掛了我的電話。我瘋狂地傳訊息給他求他原諒我，並且為我自己不尋常的行為道歉。不過，最後那部分是個謊言，因為這就是我在與人交往時的行為模式。

第 8 章 你可以做些什麼？從慣性回應到有自覺的改變

克萊兒和湯姆又約會了一次，然後湯姆告訴她說，他的工作太忙碌，沒時間談感情。先前和她交往過的人曾說克萊兒「很難搞」和「很情緒化」，所以她很確定，自己的行為又再次成為自我實現的預言（她很害怕被遺棄、害怕不被愛）。

我們可以看到克萊兒的行為──不必要的溝通、需要確認安全感、黏人──不僅疏遠了湯姆（還有先前的交往對象），而且讓她覺得孤單、沒人愛。她的行為行不通，而且也沒讓她更接近自己的價值觀，沒讓她得到想要的關係。

我們來看看一項技巧，當你覺得自己困在一種行為模式裡，沒能去到想去的狀態，這時這項技巧就會很有幫助。這項技巧稱為「做相反的事」，它可以協助克萊兒，當然也能夠協助你。這是一種辯證行為療法的技巧，由馬爾沙‧M‧林因漢（1993）所提出。其概念是：選擇一種和你對負面想法與情緒做出的自發性反應完全相反的行為。

有一個很知名而且很有娛樂性的「做相反的事」例子，是來自電視影集《歡樂單身派對》的其中一集「相反的事」。大致劇情是這樣的：喬治向傑瑞抱怨說：「一切都行不通啊。」傑

Love Me, Don't Leave Me　226

瑞問是什麼事情行不通，喬治解釋說他的人生沒有照著他希望的方向走。他本來是很有前途的──他品貌兼優、聰明又有洞察力。但他剛剛才清楚意識到，他人生中做過的每一項決定，都是錯誤的決定，而他對生命每個層面的直覺認知也都是錯的。現在，他的人生跟他想要成為的樣子恰恰相反。傑瑞回他說：「如果你每一個直覺都是錯的，那麼它們的相反就一定是對的。」這話說到喬治的心坎裡，因此喬治決心要做相反的事，來努力反轉他的人生。

我們大多都有和喬治一樣的感受，覺得我們做的每件事都是錯的，覺得我們的人生並不是自己想要的那個樣子。我們也都可以辨別出阻擋了我們往自己想要的方向前進的那些行為模式。在第三章和第四章裡，你檢視過為何自己會有那些行為反應，你也檢視了自己的行為和行為所帶來的結果。你已經覺察到自己過去那些回應核心信念觸發事件的自發性行為反應，而你也知道，自己的無益行為大多是由負面想法和情緒所引起的。這些新的覺察很有幫助，當情緒高漲時，很容易又會出現熟悉的回應方式──衝動的反應，或者做出你事後會反悔的行為──在這種情況下，很容易會讓我們忘了那些有益的行為選項。

我們再來看一次克萊兒的行為：

常見的反應：

1. 不必要與過度的溝通。
2. 需要確認關係和安全感。
3. 黏人。
4. 需要肯定的感覺。

相反的反應：

1. 不由她開啓溝通。
2. 進行她的分散注意力活動（見第七章「練習20：製作分散注意力計畫」），來提升健康良好的感受。
3. 走出她自身的感受，透過爲他人做些事來滿足她與人連結的渴望（參考第七章的「志

Love Me, Don't Leave Me

4. 練習正念（參考第四章「練習7：正念呼吸」和「練習9：正念散步和喝茶（咖啡）」），藉此讓自己臨在當下，避免因為困在過去的關係經歷當中，而對當前關係的未來感到擔憂。

練習 22

做相反的事

這項練習會協助你運用和計畫如何「做相反的事」，改編自蕾貝卡·E·威廉斯（Rebecca E. Williams）和茱莉·S·克拉夫特（Julie S. Kraft）所著的《成癮症的正念治療手冊》（*The Mindfulness Workbook for Addiction*, 2012）。

在你的紀錄本裡寫下對下列敘述的回應：

以下是克萊兒所寫的內容：

- 描述情境。
- 辨別你的核心信念。
- 列出你的情緒。
- 說明你通常會有的回應或行為。
- 描述其結果。

接下來辨別相反的行為反應：

- 這可能會帶來什麼結果？
- 你可能會有什麼樣的情緒？

- 描述情境。

  我從昨天早上之後就沒有湯姆的消息。我今天過得很糟。

- 辨別你的核心信念。

  遺棄和情感剝奪。

- 列出你的情緒。

  焦慮、悲傷、寂寞、恐懼、空虛。

- 說明你通常會有的回應或行為。

  我會變得黏人。我會急迫地想要聯絡到他。我會要求確認安全感。我需要

對未來感到肯定。

- 描述其結果。

湯姆很生氣,他疏遠我了,而且和我分手。

接下來辨別相反的行為反應。

不要主動聯絡湯姆。等他來跟我聯絡。練習正念,臨在當下。進行分散注意力的活動。讓這段關係能夠自然地發展,不要在初期就期待能肯定未來。

- 這可能會帶來什麼結果?

我就不會因為不必要和過度的溝通、太黏人、或者迫切需要安心和肯定,而把湯姆嚇跑。

Love Me, Don't Leave Me 232

在克萊兒做完這項練習後,她想像著自己要是表現出符合自身價值觀的行為,就會讓自己體驗到正面的情緒。你或許可以回頭複習第五章,以及紀錄本裡的「練習13:辨別你的價值觀」,再次檢視你所確認的價值觀。要記得,你的價值觀是你改變的動機。此外,克萊兒其中一項相反的行為是要練習正念。正念是你能成功處置你的無益想法、情緒和行為的主要工具。與當下的體驗同在,讓你做出的決定能夠更接近你想成為的模樣。

- 你可能會有什麼樣的情緒?

自豪和很滿意自己,因為我的行為會更接近我想要的模樣,而且我可因此避開讓我更加遠離自身價值觀的行為模式。

鍛鍊心理彈性

本書中呈現的所有概念、工具和技巧，都是要協助你擺脫習慣性的想法、情緒和行為，並且協助你學習新的方式來檢視你的負面想法、接受你的痛苦情緒、並且選擇由價值觀驅動的行為。若採取開放態度去接納其他面對壓力情境的方法，會有助於你在思考上更具彈性。這本書裡的所有概念，都是設計來協助你從核心信念以及信念遭觸發後所發生的事情中脫困。這意味著你會臨在當下——不是自動採取先前的習慣性行為模式，不是被困在負面的想法和情緒當中——而且你會對不同的體驗和不同的行為保持開放的態度。

這就是所謂的「心理彈性」，它是接納與承諾療法中很重要的一部分。其定義是：「身為一個有覺知的人，有能力與當下情境做更完整的連結，也有能力改變或堅持某行為，讓行為符合有價值的目的。」（Biglan, Hayes, and Pistorello, 2008）心理彈性會改善你在關係中以及社交中的行為，同時維持你對於行為能符合自身價值觀的承諾。

本書是一段精心設計的旅程，目的是要帶領你去到一個狀態，能夠選擇符合自身價值觀和目標的行為，並且消除（或大幅減少）讓你偏離自身價值觀而且損及身體、情緒與心靈健康的行為（例如，逃避各種情況、用憤怒來回應、酗酒）。本書中呈現的資訊和技巧，最終目的是要讓你達到一種狀態，能夠根據情況所需來調整行為，讓你能夠朝你重視的事物前進。很多時候我們都沒有意識到自己是有選擇的，特別是當我們身處在情緒迷霧裡或是困在過往雪景球裡的時候。你在前面章節做過的練習，讓你能夠做好準備對壓力事件做出有彈性的回應。你已經檢視了先前的無益回應模式，而且挑選出新的有益行為反應，這會帶來不同的結果，也讓你能夠去挑戰那些關於自己以及與他人關係的根深柢固信念。這個過程會協助你重新調整你對引發負面情緒的情境所做出的自發性回應。

當你改變了你和自身想法與情緒的關係，你不帶批判地去留意這些想法和情緒，你會意識到它們的存在，但不會對它們產生僵固或批判性的依附關係。透過把注意力從讓你感覺很糟的事物上轉移，而且不採取自發性的無益因應行為，你就能夠把自己的精力投入到讓你更接近

235　第8章　你可以做些什麼？從慣性回應到有自覺的改變

自身價值觀的行為上。

不論有意識或無意識，你一直都很堅持地依附著你的核心信念，以及與這些信念相對應的恐懼，你也一直對內在批評者永無止盡的評論堅信不移，你甚至加入了批判自己和他人的行列，而且做出了想要保護自己免於受傷和免於感受痛苦的行為模式（至少有暫時的保護作用）。但現在你知道了，負面的感覺和痛苦的情緒是不可能消除的。這些情緒都是人類經歷的一部分，透過接受你的負面想法、情緒和體驗而不是試著要控制或消除它們，你可以利用這些想法和情緒來協助你學習和成長。如果你不去批判你的負面想法和情緒，而是對它們保持好奇和開放，想要去了解它們，你就能夠從中學習，並且投入由價值觀所驅動的行為。當你不去抗拒你的負面想法和行為，或因為這些想法和行為而倍感壓力，那麼你就能更容易去選擇有益的行為。

現在，該是學習溝通技巧的時候了。這些技巧是建立和維持關係的關鍵，能協助你以真誠、開放和理解的態度與他人連結。讓我們開始吧⋯⋯

Love Me, Don't Leave Me　　236

9

你可以說些什麼？
六種避開人際陷阱的溝通技巧

若要創造生命中的成功和幸福，溝通扮演很重要的角色。有效和健康的溝通，讓我們能夠與他人連結，並且建立長久有愛的關係。另一方面，糟糕的溝通則會造成匱乏且不健康的關係。有可能你的成長過程中，家庭裡缺乏健康溝通的典範。你可能困在一種或許有短期效益（會讓你感覺好一些）的溝通模式裡，但這種模式卻無法帶來長期助益（長久有愛的關係）。

直到現在，你的行動與反應方式，一直給你有種你是在保護自己的錯覺。然而，你也開始察覺到了那些會損害關係，以及阻礙健康、長久、有愛關係的溝通模式。本章介紹的技巧將會挑戰你目前的溝通方式。

你所有的反應和行為都代表了關於你自己的信念，這些信念是根據你的故事所形成的——你過往的老故事。你的過去存在於不同的時空裡，你當時是在不同的年紀，而且也有著和現在不同的性格及樣貌。你應該不會想再次經歷你的過去，或者表現出讓你遠離自身價值觀的行為，對吧？

現在，是在你當前的關係中採用新的溝通方式，並且放掉一直重現你那些老故事的無益方

Love Me, Don't Leave Me 238

1. 自我揭露

你的成年人生大部分時間可能都在隱藏，好讓人不會看見你的脆弱。光是想到要對另一個人揭露關於自己的事，可能就會引起恐懼或羞愧的情緒。透過自我揭露來創造健康關係，並且讓關係更豐盛，感覺起來可能很違背直覺本能，而且可能會讓你覺得脆弱且不安全。光是想像要自我揭露，可能就會引發如下的想法：

「如果他認識真實的我，他就會離開我。」（遺棄核心信念）

「如果我放下防備，他就會傷害我。」（不信任和受虐核心信念）

式的時候了。本章會介紹新的溝通技巧，協助你與他人發展緊密的連結，並且避開人際間的陷阱，因為那些陷阱會在你遇到觸發核心信念的人和情境時把你困住。你將學習到的技巧有自我揭露、用心聆聽（包括積極聆聽與聆聽阻礙）、表達需求、確認、同理，以及道歉。我們開始吧！

信念）

「如果我告訴他關於我的事，他不僅不會理解我，更不會愛我了。」（情感剝奪核心信念）

「如果我告訴他我的真實樣貌，他就會認為我不值得他的愛。」（缺陷核心信念）

「如果他認識真實的我，他就會發現我不像他或不像其他人那麼＿＿＿＿。」（失敗核心信念）

你的核心信念會因此被觸發，是可以理解的。我並不是暗示說要對他人展現自己的脆弱面很容易，也不是建議你要對每個人都完全開放。我是想要你找到平衡，並且辨別哪些人值得進一步認識你。如果你挑錯了人來親近，那麼我很確定，對他們展現脆弱的一面會帶給你情緒痛苦的經歷。很肯定的是，自我揭露技巧並不適用於那些會觸發你核心信念的人。我們在第三章有提過這些類型的人，亦即遺棄者、施虐者、批評者、蹂躪者、剝奪者。

你現在在關係中的態度是什麼？你如何呈現你自己？你會很熱絡嗎，還是有些冷淡？你呈現真實的自己，還是會躲在虛假的外表下，藉此保護自己不受傷？要是說隱藏你真實的自己就是拒絕和他人建立真誠有意義的連結，你能開放心胸認同這種可能性嗎？當然，你的核心信

Love Me, Don't Leave Me

念會被觸發，而且你會暫時困在你的故事裡，但是「你已經不再是你的故事了」。

在第五章，你確認了你的價值觀。很可能你也已經開始試著以這些價值觀為基礎的生活，特別是在和關係相關的部分（請參考你做過的「練習13：辨別你的價值觀」）。你有列出下面這些價值觀的其中任何一個嗎：接納、真誠、關心、同情、連結、慷慨、誠實、親密、仁慈、愛、開放心胸、互惠、尊重、自我覺察、個人發展、或信任？如果有的話，那麼自我揭露就是你在創造健康長久關係中需要學習的重要元素。我知道要這麼做，感覺還是很可怕。

事實上，我們平常都會在無意間揭露關於自身的資訊。我們的行為、我們的面部表情、我們的一舉一動，全都會揭露訊息。你本來就已經在傳達關於你自己的資訊，現在則要學習如何有效且適當地自我揭露。這種溝通必須和另一個人進行，而且必須包含關於你真實自我的新資訊（不是那個遭到你的核心信念扭曲的樣貌，也不是要刻意展現迷人的性格）。

在《訊息：溝通技巧手冊》（*Messages: The Communication Skills Book*）一書中，作者麥凱伊、戴維斯和費寧（McKay, Davis, and Fanning, 1995）說明了，若要與他人分享關於你不容易

241　第 9 章　你可以說些什麼？六種避開人際陷阱的溝通技巧

自我揭露的益處

還需要更多的論據來說服你嗎？我們來看看麥凱伊等人（1995）在書中說明的自我揭露益處。

得知或觀察到的部分，你必須擴展你的「開放自我」，也就是你和他人都知道的那個關於你的部分，並且納入你的「隱藏自我」，也就是你知道但他人不知道的那個關於你的部分。這意味著你要分享或揭露來自你「隱藏自我」的觀察、想法、感覺和需求，讓他人能夠知道。你的開放自我越大而且隱藏自我越小，你和你的關係便更可能因為自我揭露而受益。

提升自我認識

什麼？既然你已經知道了自己隱藏自我的部分，怎麼可能做到提升自我認識？「你所認識的自己只是他人知道的部分，這點很矛盾，但卻是真的。」（二十三頁）這點是這麼解釋的：

Love Me, Don't Leave Me 242

如果你把自己的想法、感覺和需求放在心裡，那你就從來沒把它們轉換成文字話語，也從沒學習如何把它們清楚表達出來，而清楚表達的過程需要加入細節、注意前後不一致之處、或者處理需要被解決的問題。而且，這個過程也是個機會，讓你藉此檢視自己長久以來的想法、感覺與需求是否依舊切身相關——它們或許屬於十四歲時的你，但已經不適用三十五歲的你。你越常溝通你隱藏的部分，你就越能了解自己。去分享這部分的自己，去聽你說出那些在你腦中原地打轉許久的想法，是個非常有啟發性的過程。你可能會發現，這種新的溝通方式可以讓你從部分信念中脫困。跟獨自進行內在對話比起來，當我和他人分享我的想法、感覺和需求時，我反而更常會有對自己突然開竅的情況。

更緊密的關係

分享關於真實自己的資訊，對方也揭露自己隱藏的那一面，如此一來便可創造更緊密的連結和更深刻的關係。缺少相互的自我揭露，這段關係就會保持在淺交且無法讓人滿足的狀態。

想想你目前的關係，哪些關係對你是重要的？想想過去對你很重要的關係。對我而言，我可以享受和我有些共同處的一個人或一群人晚上出去聚聚，但跟知道我隱藏部分的人一起共度的時光，通常會讓我感覺很棒；他們是可以滋養我靈魂的人。

改善溝通

揭露是一種回饋的循環——透過揭露，你也可以獲得揭露。當你暴露自己脆弱的一面，對他人敞開自己，這會讓他們覺得他們也可以對你這麼做，如此一來，溝通的廣度和深度都會擴增。你們兩人都覺得能夠自由分享你們對許多話題的想法和感受，從私底下很喜歡的最新實境節目，到舊金山的遊民問題，都可以討論（這是我揭露部分隱藏自我時會談的話題）。

減輕罪惡感

我的童年和青少年時期都受到長期的罪惡感所困擾。當我離開了原生家庭，我才了解到，

Love Me, Don't Leave Me

我家庭中的任何不完美（個人或群體）都必須對外面的世界隱藏。缺點是不好的東西，通常會帶來羞愧感和罪惡感。直到透過自我揭露，我才了解到，原來我這方面的經歷並不罕見。我終於能從謊言的網絡裡脫身，而這個謊言網絡是我父母建構鞏固起來的，目的是要對抗他們自身的缺陷感。自我揭露能讓你更客觀地檢視自己的罪惡感，而且能夠釋放你浪費在隱藏祕密、過錯、或想法的精力。

得到更多精力

隱藏真實的自己，並且以完美形象或你認為他人想看到的形象來呈現自己，是非常累人的事情。要隱藏部分的自己是非常沉重的負擔。你會發現自己不會去做深入的交談，因為你擔心別人會問你問題。當你開放自己，停止隱藏自己，你就會有更多的精力可以用來創造你想擁有的關係。

揭露時機與揭露程度

怎樣算是揭露太多資訊？對我而言，如果我不是你小時候幫你換尿布的那個人，那我就不會想聽你在廁所裡發生的事！說真的，如果你在第一次約會吃飯的過程中，揭露你最黑暗、最痛苦的經歷，這樣的自我揭露大概不會成功。如果你透過下面三個階段來進行你的自我揭露，那麼成功率將會提高（McKay, Davis, and Fanning, 1995）。

第一階段

只揭露關於你自己的「事實」。事實包括時間、地點、事件、人物等等。你可以從中傳遞關於你的工作、你的住處等的資訊。在第一階段裡，你應該克制揭露任何的感覺和意見。你可能會停留在第一階段一些時間。你應該要等到覺得自在的程度之後，再進入第二階段。這意味著你已獲得關於對方足夠的資訊，讓你感覺這段關係會有成長的可能性。當你在揭露關於自己

Love Me, Don't Leave Me   246

第二階段

你可以開始揭露你的想法、感覺和需求,但僅侷限在過去和未來。舉例來說,你可以談論關於未來的職涯計畫,或者身為家中唯一的小孩,成長過程有什麼樣的感覺。你也可以針對你在第一階段揭露過的事實,表達你的想法、感覺和需求。但別討論你目前的想法或感覺。當你對這個階段的揭露感到自在之後,再進入第三階段。

第三階段

這是最困難的階段,因為你需要承擔一些風險,去談論你「當下」的想法、感覺和需求。

在這個階段,你可以選擇談論對方吸引你的地方、談論對方說的某件事給你的感覺、談論你跟對方在一起時會覺得放鬆還是緊張之類的話題。你也可以選擇表達你的需求(表達需求的部分

會在後面的段落討論）。

慢慢來，別倉促進行每個階段。自我揭露是一個過程。如果你生長在一個像我一樣的家庭，在家裡和外頭都沒有自我揭露的溝通模範，那麼這對你來說就是一個全新的領域。學習新的技巧需要花時間，練習也是必要的。跨出你的舒適圈，來體驗自我揭露所帶來的關係回報吧。

練習 23

自我揭露

在你的紀錄本中列出你的價值觀，特別是那些和關係有密切關聯的價值觀。在每項價值觀旁邊，寫下一些你認為可能讓你更接近建立長久關係的自我

Love Me, Don't Leave Me 248

揭露點子。

接著，找一個你想練習自我揭露的人。此人可能是一個新朋友，或是你剛開始約會的人。寫下你覺得可以在第一階段談論的話題。接著，寫下你覺得可以在第二階段談論的話題。最後，寫下你覺得可以在自我揭露過程第三階段討論的話題。

在你採用這個新的溝通技巧時，你可能還是有些恐懼的感覺。害怕被拒絕、批評、懲罰和遺棄，都是很自然的。你可能怕自己被嘲笑，或被別人在背後說閒話，或者你害怕別人會占你便宜。這些都是很合理的擔憂，而且大多數擔憂都會被你童年和青少年時期的經歷給強化。但如果你分享了一項關於自己的負面特質，你的約會對象會因此覺得你是很糟糕的人嗎？如果你告訴對方你害怕的事物，他會因此利用這個資訊來控制你嗎？或者你會害怕增加對自己的了

解？你在嘗試自我揭露的過程中，遇到負面的經歷也是有可能的。你可以複習第二章裡關於觸發你核心信念的人物類型，並且避開這些類型的人，以及關於不健康關係的警訊，藉此把這類負面遭遇降到最低。

2. 用心聆聽

聆聽技巧是健康溝通的關鍵部分，也是建構長久關係的必要元素。真實的感受能被聽見，是非常強烈的體驗，能讓你覺得自己有被關心、被肯定、覺得自己是重要的。我們在生活中面臨了許多讓人分心的事，當有人願意坐下來認真聆聽，會讓你真正感受到彼此的連結。而且如果你覺得自己是在分享自己生命中很重要的部分，或者分享對你來說很重要的資訊，那麼你也會想知道對方是有認真在聽的。不過在我介紹積極聆聽技巧之前，我們先來看一下積極聆聽可能會遇到的阻礙。

當我們在進行對話時，很可能是帶著最好的意圖，但我們也經常在對抗聆聽的阻礙——不

Love Me, Don't Leave Me　250

假聆聽與真聆聽

我們都有過假聆聽或半聆聽的經驗。我的女兒凱莉和我都會做過這樣的事，而且我們也都知道對方是不是在假裝聆聽。我們的對話過程會像這樣：當我描述一件事說到一半，說到一個她通常會有回應的點，而她卻沒有反應，那麼我就會知道她沒有專心在聽我說話。所以我就會說：「凱莉，你有在聽我講話嗎？」她回答說：「有，你講的每句話我都有聽進去。」然後她就重述了她聽到我說的每一句話，但很顯然她的腦袋並沒有在處理我說的內容。她聽到了這些話，但她無法給我任何有意義的回饋，她需要稍微思考一下，或者我得再重講一遍，她才能給我回饋。（完整揭露：凱莉也會對我有同樣的指責，而我兒子傑克和艾瑞克也會說，當我在滑手機時，通常就聽不到他們說話。好個多工運作啊！）這就是假聆聽的例子。

當我們並不是真正在聆聽時，我們的想法或內在對話就會趁虛而入。請開始去留意你真的

第 9 章　你可以說些什麼？六種避開人際陷阱的溝通技巧

聆聽的阻礙

有很多事物可能會阻礙你專注聆聽另一人試著要跟你溝通的內容。我們大多都曾經歷過在渡假村、研討會、或會議上需要破冰的狀況,在場的每個人必須輪流起來稍微介紹自己。在我參加的上一個活動裡,我們被要求完成這個句子:「如果你真的認識我⋯⋯」在聽到這項宣布後,房間裡的每個人都只有部分投入在聆聽的過程中。我們每個人的注意力主要都放在排練(在腦中)自己要說哪些關於自己的事(在聽完前面的人的分享之後,可能還會修改自己要講的內容),同時我們也在評判其他人所說的內容(附帶其他的批評,像是「他是摸黑穿衣服的嗎?」),我們也會拿自己去跟別人做比較(「她好聰明啊!」),或者想著我們自己晚上的計畫(「活動結束後,我一定要喝一大杯雞尾酒!」)。以上這些我們都做過。當我們的對話內

容或所處的情境觸發了我們的核心信念時，這些聆聽的阻礙便會更嚴重。

聆聽阻礙的類型

接著，讓我們來看看這些聆聽的阻礙。麥凱伊等人（1995）點出了十二個聆聽阻礙，每一種都會妨礙我們真正理解我們所要溝通的事情：

- **比較**：聆聽過程被扭曲，是因為接收者會聚焦在把自身經歷拿來與說話者或當下情境做比較（這對有失敗或缺陷核心信念的人來說較為常見）。

- **讀心**：這項阻礙會扭曲了溝通過程，因為聆聽者會聚焦在猜想說話者「真正的」想法和感覺。這是核心信念被觸發時很常見的聆聽阻礙，聆聽者會根據自身過去的經歷和自身的故事來預期結果。

- **排練**：溝通過程會受到這個阻礙所扭曲，因為聆聽者忙著在演練自己要說什麼來回應說

253　第9章　你可以說些什麼？六種避開人際陷阱的溝通技巧

話者。

- 過濾：這個阻礙會扭曲溝通過程，因為聆聽者在聽到讓他不舒服的特定語調或主題時，他可能就會停止聆聽，或者讓自己神遊去了。這是核心信念遭觸發的人很常會出現的聆聽阻礙。

- 評判：當聆聽者迅速在評判溝通的內容時，他就停止聆聽了，因此會錯過完整的內容或意思，也就使得訊息內容被扭曲了。這也是核心信念遭觸發的人以及有極度負面情緒反應的人，常會有的聆聽阻礙。

- 幻想：這個阻礙扭曲了溝通內容，因為聆聽者在做白日夢。

- 認同：溝通內容受到這個阻礙扭曲，因為聆聽者打斷談話來分享自己的經驗，使得說話者無法完整溝通自己的故事。

- 勸告：在說話者完整溝通自己的整個經歷以前，聆聽者就打斷對方來給予忠告，於是造成溝通的扭曲。

Love Me, Don't Leave Me

- **爭論**：這會阻礙溝通過程，因為聆聽者很快就表達自己的不認同或是開始論戰。
- **我是對的**：這會阻礙溝通過程，因為聆聽者會竭盡全力主張自己是對的。
- **岔題**：當聆聽者在對話中改變話題，也就扭曲了溝通過程。
- **溫情**：這會阻礙溝通過程，因為聆聽者著重在讓自己聽起來很和善、很支持，但實際上卻沒有真正在聆聽。

我們都有過上述這些聆聽阻礙——不管是有意識或無意識的。這是個壞習慣，也是建立健康溝通和有意義關係的障礙。讓我們來練習覺察你的聆聽阻礙，協助你朝健康的溝通更邁進一步。

練習 24

找出你的聆聽阻礙

我們大多數人都沒有意識到自己的聆聽阻礙。這項練習是設計來協助你辨識這些阻礙。當你對於你的聆聽阻礙有更好的了解，你就能夠成為更好的溝通者，而良好的溝通有助於建立健康的關係。

在你的紀錄本裡寫下你覺得很糟糕的互動過程、讓對方感覺很不好的互動過程、或者造成誤解的互動過程。然後寫下你對下面這些問題的答案：

- 觸發因素是什麼？（描述對話的主題、對話的人和情境）
- 你使用了哪些聆聽阻礙（比較、讀心、排練、過濾、評判、幻想、認同、勸告、爭論、我是對的、岔題、溫情）？

莫妮克有遺棄和失敗核心信念。我們來看看她所寫的內容：

- 觸發因素是什麼？

  任何時候有人說：「我需要跟你聊聊。」特別是我男友這麼說的時候。

- 你使用了哪些聆聽阻礙？

  過濾。我總是在想著對話內容會是關於我的負面事情，所以我沒在聽，因為我知道這對話會讓我感覺很糟。

很顯然，莫妮克錯過了來自她男友和其他人的一些重要溝通。一旦你覺察到自己的聆聽阻

積極聆聽

積極聆聽是建立長久有愛關係的必要技巧。這項技巧要求你要投入溝通過程當中，並且覺察自己的聆聽阻礙（McKay, Davis, and Fanning, 1995）。當你積極聆聽時，你不僅能接收到對方在說的事情，同時也會透過話語、肢體語言和眼神接觸來回應，讓對方知道你有在聽。

要成為積極聆聽者，有三個步驟是你可以做的，透過這些方式，可以增進你和他人之間的健康溝通。對方會知道你有注意在聽，因為你會問問題，而且會不帶批判地給予反饋。適當且經常性地運用這項技巧，將會成功消除（或至少肯定會減少）確認偏誤、認知扭曲和聆聽阻礙。

礙，很容易就能看到這些阻礙正在扭曲溝通，而且限制了關係的體驗。要發展健康關係的一個要素，就是保持開放，包括對他人試著要告訴我們的事情保持開放態度。

Love Me, Don't Leave Me 258

步驟一：改述

「改述」是用你的話來重述對方說的話。每當你的談話內容觸發了你的核心信念時，使用改述這項技巧是非常重要的，因為這麼做會排除當下的錯誤溝通，也會立即消除錯誤的假設和認知扭曲。此外，改述對於事後回想對話內容也是很有用的工具。這項技巧可以增進清楚的溝通，消除誤解。

步驟二：釐清

「釐清」是改述的延伸。透過問問題的方式，直到你清楚理解在向你溝通的內容。這個步驟讓你可以獲得更多的資訊來補充溝通內容的細節。此做法也會傳達出你有在積極參與溝通過程的訊息。

步驟三：反饋

最後一個步驟是帶著你在對話中接收到的訊息，以非批判的方式談談你的反應。這稱為「反饋」，是分享你的想法和感覺的機會。你的體驗可能是，你了解在向你溝通的訊息，但你並不清楚對方的感覺。你可以說：「我了解你在想的事情，但我不確定我是否了解你對這件事是什麼感覺。」

給予反饋對另一方也會有幫助，因為他能夠更了解自己溝通的效率，並且迅速修正任何錯誤認知或錯誤溝通。給予反饋有三個重要的規則，亦即必須要即時、誠實（但這不是讓你去傷人的免死金牌）、以及支持。

積極聆聽是項強大的健康溝通工具，也會消除許多阻礙你聆聽當下傳達內容的因素。這項技巧將會協助你擺脫困在你的核心信念裡所帶來的惡性循環。

3. 表達需求

你上一次告訴別人你的需求是什麼時候？這個舉動看起來好像很簡單，但表達你的需求是一種技巧，而要學會這項技巧可能比表面上看起來更具挑戰性。為什麼去要求你需要的東西會如此困難？這可能是因為你沒怎麼在練習表達你的需求。你會把自己的需求強壓下來，忽視它們，甚至可能會告訴自己說你不是真的有任何需求，說你只是想滿足他人的需求。問題在於，你的思維並沒有讓你更接近自己想要的東西——事實上，可能還讓你更遠離自己想要的東西。

因此，在長年沒有表達你的需求之後，你現在被告知要去表達它們。你有這個慾望（不管是有意識還是無意識的）可能已經很久了，但你一直忽略它，把它推到一邊去，覺得它只會讓情況變得更複雜，甚至可能害你被別人拒絕。或者有可能圍繞你需求的壓力持續升高，而當需求終於被表達出來的時候，對話的過程也不會進行得太順利。鐘擺會左右擺盪，最後才在中央停下來，這意味著如果你沒有表達自身需求的經驗，當你終於決定要去做的時候，你的表達便會顯

得有點生硬。

有些人可以很自然地要求他們想要的東西，我一直都很佩服那些人，因為我光是確認自己的需求就要經過一番掙扎，要明確表達出來更需要鼓起很大的勇氣。會有這樣的掙扎，有一部分原因是我恐懼和預期自己的需求不會被滿足或被接受。在表達自身需求的過程裡，會捲進許多過去的經驗、記憶和情緒當中。但這個過程不需要這麼緊繃。要讓這行為不那麼令人生畏，首先我們需要先拆解自己的需求──你的需求是否適當地回應「當下」的情境或與該情境有關？或者你的需求同時背負了二十年來它一直沒被滿足的包袱？你要求多少？根據關係的年分和深度，你的需求是否源自當下且切合實際？或者你的需求是源自沒接收到你渴望擁有的關心、安撫、愛護、或理解的過往記憶？

你可能覺得自己一輩子的需求都沒被滿足過。你的需求以及需求被滿足之間，可能存在巨大的鴻溝。而那缺口越大，可以容納痛苦、憤怒、挫折、怨念、悲傷、寂寞和失望的空間就越多。羅斯·哈里斯在其著作《韌性配方：如何在創痛中活出豐富與意義》（*The Reality Slap:*

（How to Find Fulfilment When Life Hurts）中稱這是「現實落差」。沒有任何一個人、一個情景、或一項新技巧能夠消除所有這些感受。它們都是你生命經歷的一部分，它們還是會在你被觸發時持續顯現。能對此落差大小造成影響的，是你回應這些感受的方式。自我挫敗行為很可能擴大那缺口。採取健康的因應策略和技巧，則很可能會縮小落差。

一個可悲的真相是，沒有人能夠讓自己所有的需求都得到滿足。如果我們有大量沒被滿足的需求，也就不太可能有人會來消除我們累積的痛苦。但好消息是，你可以控制你要從需求與未滿足需求的落差中——又或者可以說，你的需求與你要經歷多少額外痛苦之間的落差——感受到多少的痛苦。你老是在想著你沒得到的東西嗎？你總是聚焦在那缺口上嗎？你是否被困在那缺口裡了？你是否對沒有滿足你需求的人感到生氣？你是否覺得別人好像都可以得到他們想要的，而你卻無法滿足自己的需求，因此感到挫折又沮喪？

你知道自己的故事。你在第一章和第二章已經探索過你的故事。那個缺口代表著你需要的和你得到的兩者之間的差距。你是否困在這道落差的缺口裡，就像你困在自己的故事裡一樣？

練習 25

確認你的需求

在你要求任何人來滿足你的需求之前,很重要的是,你需要花些時間來確認自己的需求,並且去區分你當前的需求和你先前的經歷。在這項練習中,辨別哪些是過去的經歷,是一種釐清的方式,讓你清楚知道自己在要求的事物並沒有背負著所有過去未被滿足需求的包袱。你要聚焦在當下這個特定的人以及你和此人的經歷上,而不是聚焦在過去和他人的經歷上。

在你的紀錄本裡寫下對下列敘述的回應:

這是否對你有幫助,還是讓你感覺更糟?這是否讓你更接近建立你想要的健康關係?該是遠離那故事的時候了。那都存在過去裡,對你毫無幫助。請回到當下,正視你的需求。

Love Me, Don't Leave Me　264

表達需求指南

以下是你在表達自己的需求時可以遵循的方針：

- 過去的經歷：
- 當下的需求：
- 當下的情緒：
- 當下的情況：

一旦你確立了你的需求與當下相關，並且是對適當的人做出表達，如此，你就可以去告知你的需求了。

1. 你的需求不應指責或歸咎於對方（例如：「我需要你別對我這麼疏遠和冷淡。」）。

2. 你的需求不應蔑視或批判（例如：「我需要你別再這麼挑剔。」）。

3. 要確定你的需求是具體的事物（例如：「你可以在我們看電視的時候握著我的手嗎？」），而不是無形的東西（例如：「我需要你更深情一點。」）。

4. 別一次要求太多。這是一步一步慢慢來的過程。記得要讓自己的需求保持在當下，否則你會發現自己陷入失望的循環裡，因為沒有人能夠補償你過去沒被滿足的需求。

表達需求未必會讓你的需求得到滿足，但這麼做會消除錯誤的溝通。錯誤溝通的情況通常會發生在你去預期真正關心你的人會自行察覺你的需求，並且主動滿足這些需求。這只會帶來憤怒、失望、或怨念，造成情況和關係不必要的複雜化。在當下清楚表達你的需求，會讓你更接近創造你所渴望的健康有愛關係。

Love Me, Don't Leave Me 266

4. 確認

「確認」是大多數人都很熟悉的詞。但它真正的意思是什麼，以及為什麼它是建立健康溝通的重要元素？口頭與非口頭的確認，是向他人表達你在聆聽而且了解對方在說的內容、對方的感覺、以及對方在做的事情。這並不意味你認同或不認同。向對方確認，是在溝通你了解對方的經歷，並且同理對方的經歷。要達到確認的階段，你可能需要溫和地問些問題，藉此探究對方的想法和感覺。

確認是你需要學習的重要溝通技巧，因為這項技巧可以創造健康的對話交流循環。當一個人表達其想法和感覺時，能夠得到他人的確認，而且此確認不帶爭論、憤怒、批判、或受傷等感受，這會帶來安慰的效果，降低負面情緒，並且提升信任和親近的正面情緒。

此外，確認也會增加自我揭露。如果你在練習自我揭露，而且另一人確認了你的想法和情緒，甚至詢問一些待釐清的問題，以便更適當地了解你說的事情，在這種情況下，你很可能會

做更多的自我揭露。當你覺得獲得確認時,要揭露私人資訊會變得較為容易。

很有可能你在成長過程中並沒有得到太多的確認,甚至有可能有許多情緒、想望、慾望、信念和意見從沒獲得確認過。無疑地,這會帶來失望、挫折、憤怒、悲傷、沮喪、焦慮、沒價值、疏離、孤獨的感受。你的童年裡缺乏的一個東西,可能是「情感安全」。你可能感受過情感孤立,而這種感受通常與遺棄有關。或者你可能曾經和最親近的人分享過你的感受,結果對方卻傷害你、背叛你、利用你、或占你便宜,而這通常是有不信任和受虐核心信念的人會經歷的狀況。如果你有情感剝奪核心信念,你可能曾經分享過你的感受,但你最親近的人卻認為你有缺陷,造成你覺得自己沒有價值,這即是有著缺陷核心信念的人常會經歷的狀況。又或者你分享了你的感受,但卻沒被對方理解或沒得到對等的分享。在孩童時期,你可能有被忽略、被忽視、或被取笑的感受,只因你比不上同儕或手足,因此你自然不願意表達自己的感受。這是有失敗核心信念的例子。如果你沒有體驗過確認,你就無法因為確認帶來的情感回饋而受益。亞倫‧E‧弗魯捷蒂博士(Alan E. Fruzzetti, PhD)在其二〇〇六年的著作《高衝突伴侶》

(*The High-Conflict Couple*)中說道，當有人了解並接受你的想法、感受和需求，會讓你感到寬心和受到撫慰。被了解和被接納是非常強大的感受。

合適的確認

由於你可能沒有太多關於確認的經驗，因此我們要來檢視一些基本原則（Fruzzetti，頁一〇一）。首先，什麼是合適的確認？

- **真實的**：確認某人的經歷或感受是真實的，會帶來很強大的影響。「我很害怕」可以透過這樣的陳述來確認：「我可以看得出來你很害怕。」而無效的陳述則像是：「沒什麼好怕的。」換句話說，如果對方在經歷害怕的感受，那麼這感受就是真實而且值得確認的。

- **合理的**：這意味著在某個特定的情況下，根據童年或歷來關係的經驗，一個人可能會有

你應該確認什麼？

現在，讓我們來看看我們應該確認什麼。

- **正常的**：這牽涉到確認大多數人會有的常見反應。確認的回應可能像是：「我也會有同樣的想法／感覺」，或是：「我也會想要同樣的東西／做同樣的事。」

- **情緒**：確認正面和負面情緒是很重要的。當你的負面情緒獲得確認時，會讓人感到撫慰；當你的正面情緒獲得確認時，會變得更加強化。這兩種過程都會讓你跟對方更加緊密，而且能協助你們更完整地了解彼此的經歷。

反應不足或反應過度的情況（以一般正常的反應來衡量）。例如，如果憤怒會讓某人聯想到肢體暴力，那麼當此人出現憤怒情緒時，可能就會變得躁動不安或者很恐懼。因此，你可以確認這樣的反應並說：「我了解你為什麼會有這樣的反應。」

Love Me, Don't Leave Me

- **想望和慾望**：這些包含了關於另一人的重要資訊。從本章的自我揭露段落中，我們了解到這是我們要從隱藏自我轉移到開放自我的資訊，以便讓關係更豐盛的方式。確認這方面的揭露內容，也會帶來更多的揭露。這點對所有需要確認的項目來說都是適用的。
- **信念和意見**：當你確認另一人的信念和意見，即使這些和你的信念與意見不同，你仍讓對方覺得受到尊重與正當合理。
- **行動**：透過確認另一人的行動，你便是在傳達自己有在注意而且也很關心對方。
- **苦難**：確認另一人的強烈痛苦感受，顯示出你了解對方、關心對方、接納對方、並且支持陪伴著對方。

5. 同理

同理是需要學習的重要技巧，可以用來創造更深刻、更長久的關係。如同我在本書開頭所提到的，我們都有著源自不同程度的痛苦經歷或事件所形成的核心信念，這份痛苦會一直伴隨

著我們每個人。有鑑於此,把每個人都視為在努力處理自己的痛苦、都在持續努力活下去,是很合理的。這聽起來可能很戲劇化,但我們每個人每天都在為生存而奮鬥。你可以把這想成是身而為人的普世通則。

然而,我們在呈現自己的生存戰鬥方面有著各種不同的方式。你或許不認同別人處理自身痛苦情緒的方式,但你仍大概能夠理解那個人的經歷。理解並不表示認同,而是意味著能夠對另一個人的經歷感同身受,能夠感受到那人所經歷的感覺。當你面對一個格外具挑戰性的人時,你可能要把對方想像成一個小孩,去創造那種感同身受的連結,也就是同理心。

6. 道歉

當你能夠體會另一個人的感受,你可能會發現是因為你說過的話或做過的事而讓對方覺得受傷。這時,道歉便是個強大的工具,可以撫平對方的痛苦,而這麼做也可以讓對方覺得你和他的經歷有所連結。

Love Me, Don't Leave Me 272

許多人從沒學習過如何道歉。通常這是因為父母不常向他們的小孩道歉。至少在過去這個世代裡，道歉總被視為軟弱的象徵。如果你有缺陷或失敗核心信念，那麼你可能會不願意道歉，因為你害怕道歉會更突顯出你的無能、不足、或失敗。

大多數人都會用正面的態度接受道歉。而你在道歉時所使用的措辭是很重要的。你必須很誠懇，也必須讓對方感受到你的誠懇。接受道歉的一方必須要能感受到，你確實了解你說的話或做的事傷害了他的情感。你的道歉必須展現出你為自己的話和行為負責，而不是去指責對方曲解了你的話和行為。「我很抱歉讓你覺得受傷了」和「我很抱歉我講的話傷害了你」，是非常不同的。正確的道歉是需要練習的，而這也是你在努力建立長久有愛關係的過程中，需要學習的重要技巧。

這一章介紹了溝通的技巧，這些技巧都是建立健康有愛關係的關鍵元素。每一項技巧都很重要，少了任何一項都無法完整發揮作用，而且所有的技巧都需要練習才能適當地加以運用。

273　第 9 章　你可以說些什麼？六種避開人際陷阱的溝通技巧

要經常使用這些技巧，讓自己能對這些概念感到自在，如此一來，當機會來臨時，你才有充足的準備去投入健康的對話。如果你失去了動能，或者你質疑起自己做出必要改變的能力，就回頭看看你在「練習13：辨別你的價值觀」所確認的價值觀，作為推你一把的助力。你可以做到的！

10
開始約會了！然後呢？
給新關係的提示和策略

我希望你把約會視為你的旅程的延續，而這趟旅程的目的是要提升自我了解、自我疼惜、以及愛自己。請帶著務實同時滿懷希望的期待來投入約會。無論如何，至少你會更了解自己一些，而且在約會的過程中，你也有機會練習本書介紹的許多工具和技巧。

六個月前，我去看皮膚科，除掉一些曬斑。治療後幾週，這些曬斑就淡掉或不見了。幾天前，我又回去看皮膚科醫生。我說：「我不了解為什麼這些斑點又出現了。我有擦防曬，選擇一大清早出門跑步，而且我也不做日光浴。」她回我說：「你做了所有正確的事情來避免進一步的傷害。但這些斑點是來自過去的損傷——你十三歲時在夏威夷曬傷，你大學春假去墨西哥旅行等等。」我思考著：這就像是我們的核心信念，我們可以做出正面的行為改變來避免進一步的傷害，但還是有些時候，這些老舊的東西會浮現出來，而我們也要用最好的方式來面對並處理它們。如果你使用本書裡的技巧和工具，你會擁有更成功的關係，但這並不意味著你的核心信念不會再被觸發，也不意味著你不再需要去處理那些陳舊的事物。很有可能約會會觸發你的核心信念，帶來一些負面想法、情緒和衝動的行為反應。這是成套的連鎖反應。善用你學到

Love Me, Don't Leave Me　276

觀察對方的核心信念

在你持續對自身保持覺察的同時,很重要的是,你也把覺察力延伸到他人身上。在你認識另一個人的過程中,你大概可以根據你所學習到的知識去猜測對方的核心信念可能是什麼。

你可以複習第二章針對每項核心信念的描述來刷新記憶。切記,有問題的並不是核心信念本身——因此請不帶批判地保存這些資訊——對核心信念的回應行為才可能是問題所在。對方的這些技巧,讓自己臨在當下,並且做出有幫助的行為反應。

當你在嘗試與他人創造新的連結時,有時你會覺得卡住了、被壓垮了、或感覺很困惑,這是不可避免而且可以理解的。當你第一次和某人見面,很容易會在互動或情境中出此差錯。約會的世界充滿著曖昧和不確定性。但要記得,你對自己已經有了一些新的認識,這將幫助你有覺知地引導你的社交互動。而且就如同你已經知道的,我們都是帶著核心信念的,所以讓我們來看看你在持續管理自身核心信念的同時,要如何面對並處理他人的核心信念。

277　第10章　開始約會了!然後呢?給新關係的提示和策略

行為反應，以及他對你和他人的行為舉止，才是可能給你帶來衝擊的因素。

帶著遺棄核心信念，你知道自己對於疏離或拒絕行為的任何風吹草動都超級敏感。很重要的是，要去包容一些可以接受但對你而言可能不太舒服的行為。你可能需要忍受做更多的觀察和等待，因為行為模式需要一些時間才會顯現。你需要一些時間才會知道對方是否穩定可靠或是無法預測。透過正念與當下同在，並且進行你的分散注意力活動，會有助於你去面對和處理不可避免的曖昧不清和不確定性，這些都是形成關係初期特別會有的狀態。

讓我們來檢視一些對你而言可能行不通的模式：

- 不可預測：他經常取消計畫、改變計畫、或到了最後一刻才做出計畫。你無法信賴任何平時的溝通。不可預測的人會很有魅力，原因通常是當他確實出現時，他的表現是很棒的，所以人們很容易會被這樣的人吸引。要小心！這種人會讓你困在情緒迷霧裡。

- 不穩定：這個人的生命中老是在做重大的改變。他經常搬家，或者似乎經常換朋友，或

Love Me, Don't Leave Me　278

是根本沒多少朋友。他換工作的頻率比大部分人還要高。他似乎願意而且有能力說走就走。這個人也可能因為看起來無憂無慮，所以顯得特別迷人。但這樣的人並不適合你。

● **無法得到**：當他和你在一起時，一切都很神奇美妙。他看起來很投入，而且似乎非常喜歡你，然後⋯⋯他就消失了，像變魔術般化作一陣煙消失無蹤了！你不知所措，不知道究竟發生了什麼事。你們度過非常棒的一晚，甚至討論到要再碰面，但已經過了兩天，你完全沒有他的消息。

不穩定的人絕對不適合你（或任何人）。至於不可預測和無法得到的類型，你會需要給這類人一些時間，觀察那是否只是約會初期的行為，或者就是他的固定行為模式。

比莉在一家餐廳認識勞勃，兩人都是和其他朋友去聚餐的。勞勃來找比莉，給了她一張名片，告訴她說希望能和她一起喝杯咖啡、吃午餐、喝杯酒、或者共進晚餐。比莉打電話給他，兩人計畫碰面。勞勃安排了一場很棒的第一次約會。他們感覺很愉快，兩天後又再次碰面。然

後比莉就一整個禮拜都沒有勞勃的消息。他們又計畫了另一次碰面,但她在約定當天完全沒有他的消息,他也沒有回覆她的訊息。「我們有要一起出去嗎,還是沒有?」他後來打電話說自己是因為被事情綁住走不開才沒赴約。明知不可為,比莉又跟他見了一次面,兩人度過愉快的時光。他跟她道歉,說不會再犯。但後來還是發生同樣的事情,所以她就不再跟他見面了。

如果約會過程不愉快或是你不喜歡對方的陪伴,那麼要不再見對方是很容易的。但如果你們在一起的時候很愉快,那麼要停止見面就會比較困難。然而,不穩定的愉快感受並不是那麼有樂趣。這也就是為什麼在約會過程中和每次約會的間隔裡,你要時時覺察自己的感受,這點是如此的重要。記下你的想法、感受、以及觀察。把約會和溝通過程都記錄下來。如果你擔心和懷疑的時間比你覺得享受愉快的時間還多,那麼你大概就可以得出結論說,這個人並不適合你。

Love Me, Don't Leave Me 280

留意交往過程的警訊

除了會觸發你核心信念的有害類型（遺棄者、施虐者、剝奪者、蹂躪者、批評者）之外，還有一些性格和行為是你可能會被吸引的，因為他們的感覺很熟悉（但卻不健康）。下面是一些其他行為的列表，都是你應該要保持警覺的行為特質。再一次，我會建議你保存自己的紀錄。這麼做聽起來很不浪漫，但在新關係的初期，在興奮的感覺下，很容易就會忽略了某些模式。

- **非黑即白思維者**：這人是帶著極端的思維看事情，而且他對每件事都有非常強烈的意見。他對和自己看法不同的意見，通常不想去理解。

- **大法官**：就像非黑即白思維者一樣，此人有非常強勢的看法。他通常很嚴厲，而且對事情的觀點非常固執。

281　第10章　開始約會了！然後呢？給新關係的提示和策略

- **責怪者**：此人把發生在自己身上的事情怪罪給別人。例如他可能會說：「給我開超速罰單的警察是個混蛋。」但卻不提及他確實超速的事實。總有一天，這人一定會怪罪你。
- **「前任」執念者**：這人無法停止談論他的前任。根據他的說法，他的前任是天底下最糟糕的人。他們的關係會出問題，完全是他前任的錯。對於那段關係會結束，這人不願共同承擔任何責任。
- **受害者**：此人和責怪者類似，不過他在呈現上較為被動。壞事老是會發生在他身上，別人都會占他的便宜。
- **丑角**：大家都喜歡笑，但這人會試圖用他的幽默感來掩飾對他人的蔑視。他挖苦的評論並不好笑，而且很傷人。
- **頑固者**：這人「總是」這麼做，「總是」那麼做。他非常固執，無法開放地接受其他的做事方式。

Love Me, Don't Leave Me

- **批評者**：這人會批評每件事、批評每個人。事實上，你會覺得他一直在尋找東西來批評。
- **大情聖**：這人經常在調情。這麼做很失禮，也很不尊重你。
- **占有者**：這人很猜疑且忌妒你的每一段感情。他要你把焦點完全放在他身上。
- **崇拜者**：這人會把你捧在手心裡來崇拜。不幸的是，不久後他就會因為你不夠完美而不崇拜你了。
- **災難家**：這人把每個小事件都視為某種災難的開端。他對世界始終抱持著負面的看法，以致無法造就健康的關係。

針對這些行為的頻率做個紀錄。你需要留意會阻礙你創造健康關係的持續行為模式。（我們偶爾都可能會出現上述的行為，那是沒問題的。）我會用「三振出局」的規則。你也可以採用同樣的做法，在你的紀錄本裡寫下對方在一個月期間展現出這些行為的次數。

比較兩人的價值觀

這趟旅程包含了確認你的價值觀，以及承諾致力於由價值觀驅動的人生。因此，很重要的是，你交往的人也要擁有和你匹配的價值觀。你們的價值觀不一定要完全相同，但應該要能夠相容並存。很顯然，如果你和某人才剛開始約會，你不會要求他列出他的價值觀；但隨著你們更加認識彼此，根據你所學習到的知識，你是可以猜得出對方擁有哪些價值觀的。例如，如果他會做社區服務或有參與某個慈善組織，那麼你便可以猜測他有著關心和憐憫的價值觀。如果他會健身，而且很注意飲食，那麼你大概可以總結說，他很重視健康和強身。

在你的紀錄本中寫下這兩個項目：

- 列出你的價值觀。
- 列出對方的價值觀。

在新的關係中，很容易會迷失而暫時忘了自己的價值觀。莫莉在和吉姆約會時就有這樣的經驗。他們在一起時非常愉快，而且她已經好一陣子沒和他人有這樣的連結。她忽視了他的一些行為——初期時一些吃醋和猜疑的跡象——因為他們在一起的時間總是很快樂。交往三個禮拜後，她收到他傳來的訊息，訊息中列出他喜愛的事物。其中一項是對她的讚美（她很開心能夠知道這點），但有很多其他的事情並不符合她的價值觀：報仇、喝酒、金錢、爭奪獲勝。而且裡頭沒有提到他的小孩！她當下就了解到，這人並不適合她。

我們在關係中都會面臨的一項挑戰是曖昧不清，亦即缺乏確定感，特別是在關係的初期階段。我們想要知道之後會怎麼發展。我們會幻想。我們會做預測。我們離開了當下，困在未來裡。但就如同我們了解到停留在過去是沒有幫助的，困在不確定的未來同樣也沒有幫助，甚至還會成為很大的分心因素。要保持覺察。要保持正念。要臨在當下。

285　第10章　開始約會了！然後呢？給新關係的提示和策略

持續走在創造和改變的路上

這本書已經來到了尾聲，但你的旅程還會繼續下去。我在這過程中要求你消化許多激起情緒的資訊，但要完全消化處理完畢，會需要一些時間。我希望你正走在創造和改變關係的道路上，帶著你的遺棄恐懼和其他的核心信念，你的故事，還有你的想法、情緒和行為一起前進。

你已經確認並重新連結了你的價值觀，因此請使用你的價值觀作為推動力，作為新行為模式和溝通技巧的路線圖。但願你在這個過程中已經對自己更有覺察力，也對自己的故事有了新的觀點。我也希望你已經接受了自己無法改變的事情，並且致力於你能夠做的改變，藉此豐富你的生命，並創造你渴望的長久有愛關係。你現在也了解到了改變並不會迅速或輕易地發生。

我在書中介紹了許多重要的概念、練習和技巧。我並不預期你在閱讀過一遍之後，就能完全理解、吸收、並且加以運用。你若這樣要求自己也是不切實際的，儘管你很聰明，也很有動力。我要鼓勵你重新溫習，並且反覆閱讀書中許多的部分。要疼惜自己，同時也敦促自己去做

Love Me, Don't Leave Me　　286

功課。

如果你有問題想問我,可以透過我的網站聯絡我,網址是:http://www.lovemedontleaveme.com。在我的網站上,你也會看到額外的資源,它們對你延續這趟旅程很有幫助。我會鼓勵你繼續做紀錄。這是讓自己保持在正軌上的好方法,而且也能藉此看到自己的進步。還有另外一項好處,就是有助我們保持在當下的經歷當中。你也可以隨時利用我網站上的線上日記功能,讓我們的旅程繼續下去……

【附錄】三種依附形式

孩童在關係中的依附形式，是成年後在關係中依附形式的重要預期指標。了解你在成長期間和主要照顧者的關係，將有助於了解你當前在關係中所面臨的挑戰。讓我們來看看三種不同的依附形式（Karen, 1998）：

安全型依附

孩童的安全型依附，看起來就像你可能會想像的情況：

- 當面臨痛苦的情境時，孩童會向照顧者尋求慰藉，因為她知道她的照顧者會安慰她，讓

- 她感覺好些。
- 孩童有信心她的照顧者永遠都會陪伴她。
- 孩童在照顧者離開時會煩躁不悅。
- 孩童在照顧者離開一段時間回來後會很興奮。
- 孩童接納照顧者的擁抱，而且會因此感到慰藉。

當照顧者離開孩童時，孩童會有正常的不開心反應，但照顧者在孩童生命中是個有一致性的存在，包括身體層面和心靈層面，因此孩童會感到安全、有連結。安全型依附的孩童是由能夠理解孩童情感的人提供可靠且穩定一致的照顧。

逃避型依附

相較之下，逃避型依附的孩童，其主要照顧者總是拒絕他人，有時還很嚴厲，因此：

矛盾型依附

矛盾型依附孩童的照顧者行為反覆無常，而且會給孩童創造一個混亂的環境，因此：

- 孩童較不會依賴她的照顧者來獲取安全感。
- 孩童有時會對照顧者有攻擊性。
- 在家庭環境中，逃避型依附的孩童會比安全型依附的孩童更黏人，也更挑剔難滿足。
- 雖然孩童在照顧者離開時會感到不悅，但當照顧者回來時，孩童也毫不在意。
- 在這種情況下，孩童無法持續一致地依賴她的照顧者來獲得關係連結、安全感和保護。孩童可能會對她的照顧者感到憤怒、很黏人、或者漠不關心。
- 孩童會有明顯的焦慮情況。

Love Me, Don't Leave Me

- 孩童在家庭環境中很黏人、要求很多。
- 孩童在照顧者離開時會焦躁不安,當照顧者回來時會急著要找照顧者,但情緒又無法被安撫。

矛盾型依附的孩童會很焦躁不安,而且在和照顧者分開時,經常會被焦慮情緒給淹沒。

獲得最穩定一致照顧的孩童,能夠發展出穩定的獨立自主特質以及信任他人的特質。照顧者與孩童關係的穩定性,與孩童整體適應力的穩定性有一定的關聯,包括孩童和他人的關係、孩童處理緊張情況的方式、孩童對他人的期望、對世界的整體觀感、以及與世界互動的方式。

孩童對其照顧者的依附關係,會影響她對他人的期望,以及她處理緊張情況的方式,這是有道理的。安全型依附的孩童在思考方面更有彈性,因此比焦慮型依附的孩童(包括矛盾型依附和逃避型依附)更有能力處理自己的衝動和慾望。沒有經歷安全型依附的孩童無法感受到安全,他們所處的人生舞台會讓他們被恐懼和負面情緒給淹沒,侵蝕掉他們處理自身衝動和慾望

291 〔附錄〕三種依附形式

的能力。他們在為生存而奮鬥——或者對他們來說確實就是這樣的感覺。

當我們來看逃避型依附孩童的照顧者特質——拒絕和嚴厲——很容易就會連結到遺棄、不信任和受虐、情感剝奪、缺陷、以及失敗核心信念。矛盾型依附孩童的照顧者特質——反覆無常和混亂——也很容易把你對自己的觀感和對他人的期望等深信不疑的信念，與本書中討論的五種主要的核心信念做連結。

孩子害怕黑暗,情有可原;
大人畏懼光明,才是人生悲劇。
——柏拉圖

參考資料

麥克・R・阿瓦雷斯（Michael R. Alvarez）。二〇一一年。「杏仁核與社交大腦」（The Amygdala and the Social Brain），發表於二月三日的《今日心理學》（Psychology Today），網址：http://www.psychologytoday.com/blog/the-psychology-behind-political-debate/201102/the-amygdala-and-the-social-brain。

伊蓮・艾融（Elaine Aron）。一九九九年至二〇一三年。節錄自《高敏感族》（The Highly Sensitive Person），網址：http://www.hsperson.com。

溫蒂・比哈里（Wendy Behary）。二〇一三年。《解除自戀者的武裝》（Disarming the Narcissist: Surviving & Thriving with the Self-Absorbed）。奧克蘭（Oakland）：New Harbinger Publications 出版社。

安東尼・比格倫（Anthony Biglan）、史蒂文・C・海耶斯（Steven C. Hayes）和賈桂琳・皮斯特瑞拉（Jacqueline Pistorello）。二〇〇八年。「接納與承諾：預防科學的意涵」（Acceptance and Commitment: Implications for Prevention Science）發表於《預防科學》（Prevention Science）第九期：一三九至一五二頁。數位物件識別碼（DOI）：10.1007/s11121-008-0099-4。

西德尼・J・布拉特（Sidney J. Blatt）。一九九五年。「精神病理學的表徵結構」（Representational Structures in Psychopathology），收錄於 Dante Cicchetti 和 Sheree L. Toth 彙編的《羅徹斯特發展精神病理學論文集：情緒、認知和表徵》（Rochester Symposium on Developmental Psychopathology: Emotion, Cognition, and Representation）。第六冊：一至三十四頁。紐約羅徹斯特（Rochester）：羅徹斯特大學出版社（University of Rochester Press）。

肯・達克沃斯醫師（Ken Duckworth, MD）和雅各・L・弗里曼醫師（Jacob L. Freedman, MD）。二〇一二年。「邊緣型人格障礙概要」（Borderline Personality Disorder Fact Sheet）。十一月發表於美國全國精神疾病聯盟（National Alliance of Mental Illness），網址：http://www.

亞倫・E・弗魯捷蒂博士（Alan E. Fruzzetti, PhD）。二〇〇六年。《高衝突伴侶：找到平靜、親密與認可的辯證行為治療指南》（The High-Conflict Couple: A Dialectical Behavior Therapy Guide to Finding Peace, Intimacy & Validation）。奧克蘭：New Harbinger Publications 出版社。

保羅・吉伯特（Paul Gilbert）和克里斯・艾恩斯（Chris Irons）。二〇〇五年。「運用認知、行為、情緒意象和同理心訓練，來治療羞愧和自我攻擊」（Therapies for Shame and Self-Attacking Using Cognitive, Behavioural, Emotional Imagery and Compassionate Mind Training），收錄於保羅・吉伯特彙編的《同理心：概念、研究與心理治療的應用》（Compassion: Conceptualisations, Research and Use in Psychotherapy）（二六三至三二五頁）。倫敦：勞特里奇出版社（Routledge）。

丹尼爾・高曼（Daniel Goleman）。二〇〇六年。《EQ》（Emotional Intelligence）。時報出版，二

Love Me, Don't Leave Me　　296

〇一六年。

羅斯・哈里斯（Russ Harris）。二〇〇九年。《ACT 一學就上手：接納與承諾療法入門》（*ACT Made Simple: An Easy-to-Read Primer on Acceptance and Commitment Therapy*）。奧克蘭：New Harbinger Publications 出版社。

羅斯・哈里斯。二〇一二年。《韌性配方：如何在創痛中活出豐富與意義》（*The Reality Slap: Finding Peace and Fulfillment When Life Hurts*）。張老師文化，二〇一九年。

史蒂文・C・海耶斯、柯克・斯特羅沙（Kirk Strosahl）和凱利・G・威森（Kelly G. Wilson）。一九九九年。《接納與承諾療法：透過經驗法則改變行為》（*Acceptance and Commitment Therapy: An Experiential Approach to Behavior Change*）。紐約：吉爾福德出版社（Guilford Press）。

羅伯特・凱倫博士（Robert Karen, PhD）。一九九八年。《依附關係：最早的關係連結如何影響我們愛的能力》（*Becoming Attached: First Relationships and How They Shape Our Capacity to*

馬爾沙・**M**・林因漢（Marsha M. Linehan）。一九九三年。《邊緣型人格障礙治療技巧訓練手冊》（*Skills Training Manual for Treating Borderline Personality Disorder*）。紐約：吉爾福德出版社。

拉伊雪爾・卡薩達・洛曼（Raychelle Cassada Lohmann）和茱莉亞・V・泰勒（Julia V. Taylor）。二〇一三年。《青少年霸凌工作手冊》（*The Bullying Workbook for Teens*）。奧克蘭：New Harbinger Publications 出版社。

馬修・麥凱伊博士（Matthew McKay, PhD）、瑪莎・戴維斯博士（Martha Davis, PhD）和派崔克・費寧（Patrick Fanning）。一九九五年。《訊息：溝通技巧手冊》（*Messages: The Communication Skills Book*）。奧克蘭：New Harbinger Publications 出版社。

馬修・麥凱伊博士、派崔克・費寧和基姆・帕列格博士（Kim Paleg, PhD）。二〇〇六年。《伴侶相處技巧》（*Couples Skills: Making Your Relationships Work*）。奧克蘭：New Harbinger Publications 出版社。

馬修・麥凱伊博士、派崔克・費寧、心理學博士艾碧嘉・列芙（Avigail Lev, PsyD）和心理學博士蜜雪兒・史金（Michelle Skeen, PsyD）。二〇一三年。《人際問題手冊：透過接納與承諾療法來終結痛苦的關係模式》（*The Interpersonal Problems Workbook: ACT to End Painful Relationship Patterns*）。奧克蘭：New Harbinger Publications 出版社。

馬修・麥凱伊博士、心理學博士艾碧嘉・列芙和心理學博士蜜雪兒・史金。二〇一二年。《處理人際問題的接納與承諾療法：透過正念、接納和基模覺察來改變人際間的行為》（*Acceptance and Commitment Therapy for Interpersonal Problems: Using Mindfulness, Acceptance, and Schema Awareness to Change Interpersonal Behaviors*）。奧克蘭：New Harbinger Publications 出版社。

馬修・麥凱伊博士、尙恩・奧拉爾博士（Sean Olaoire, PhD）和拉爾夫・梅茨納博士（Ralph Metzner, PhD）。二〇一三年。《爲什麼？…你的人生在傾訴關於你的本質和目的》（*Why?: What Your Life Is Telling You about Who You Are and Why You're Here*）。奧克蘭：New Harbinger Publications 出版社。

馬修・麥凱伊博士、心理學博士傑佛瑞・伍德（Jeffrey Wood, PsyD）和傑佛瑞・布蘭特利醫師（Jeffrey Brantley, MD）。二〇〇七年。《辯證行為療法技巧手冊》（*The Dialectical Behavior Therapy Skills Workbook: Practicing DBT Exercises for Learning Mindfulness, Interpersonal Effectiveness, Emotion Regulation, and Distress Tolerance*）。奧克蘭：New Harbinger Publications 出版社。

唐納德・梅興巴姆（Donald Meichenbaum）。一九九七年。《認知行為調整》（*Cognitive-Behavior Modification: An Integrative Approach*）。紐約：普萊南出版社（Plenum Press）。

克麗斯廷・涅夫（Kristin Neff）。二〇〇三年。「自我疼惜：自我健康態度的另類概念」（Self-Compassion: An Alternative Conceptualization of a Healthy Attitude Toward Oneself）。收錄於《自我與身分認同》（*Self and Identity*）期刊，第二冊：八五至一〇一頁。

克（Kristin L. Kirkpatrick）。二〇〇七年。「自我疼惜作為正向心理運作和個人特質」（An

Examination of Self-Compassion in Relation to Positive Psychological Functioning and Personality Traits)。收錄於《個性研究雜誌》(Journal of Research in Personality),第四十一期:九〇八至九一六頁。

臨床社工師暨婚姻與家庭治療師湯瑪斯・羅伯茲(Thomas Roberts, LCSW, LMFT)。二〇〇九年。《正念手冊:克服恐懼與擁抱同理的新手指南》(The Mindfulness Workbook: A Beginner's Guide to Overcoming Fear and Embracing Compassion)。奧克蘭:New Harbinger Publications出版社。

哈里・斯塔克・沙利文(Harry Stack Sullivan)。一九五三年(一九九七年重新發行)。《精神病學的人際理論》(The Interpersonal Theory of Psychiatry)。紐約:W・W・諾頓公司(W. W. Norton Company)。

邁克爾・A・湯普金斯博士(Michael A. Tompkins, PhD)。二〇一三年。《焦慮與逃避:焦慮、恐慌和恐懼的通用療法》(Anxiety and Avoidance: A Universal Treatment for Anxiety, Panic, and

Fear)。奧克蘭：New Harbinger Publications 出版社。

謝里・范・戴尼克（Sheri Van Dijk）。二〇一二年。《平息情緒風暴：運用辯證行為療法技巧來管理情緒與平衡人生》（*Calming the Emotional Storm: Using Dialectical Behavior Therapy Skills to Manage Your Emotions and Balance Your Life*）。奧克蘭：New Harbinger Publications 出版社。

蕾貝卡・E・威廉斯博士（Rebecca E. Williams, PhD）和茱莉・S・克拉夫特碩士（Julie S. Kraft, MA）。二〇一二年。《成癮症的正念治療手冊：克服引發成癮行為的悲傷、壓力和憤怒》（*The Mindfulness Workbook for Addiction: A Guide to Coping with the Grief, Stress, and Anger that Trigger Addictive Behaviors*）。奧克蘭：New Harbinger Publications 出版社。

傑弗瑞・楊博士（Jeffrey E. Young, PhD）。二〇〇四年。「楊博士的十個常見的基模因應行為」（*Young's Ten Common Schema Coping Behaviors*）。發表於「伴侶基模療法工作坊」（Schema Therapy for Couples Workshop）。紐約：十一月五日和六日。

傑弗瑞・楊博士和珍妮・S・克羅斯克博士（Janet S. Klosko, PhD）。一九九三年。《重建生命

的內在模式：看明白過去的傷，生命就有新的出路》(*Reinventing Your Life: The Breakthrough Program to End Negative Behavior... and Feel Great Again*)。天下雜誌，二〇一八年。

傑弗瑞・楊博士、珍妮・S・克羅斯克博士和瑪喬麗・E・魏瑟（Marjorie E. Weishaar）。二〇〇三年。《基模療法：執業者指南》(*Schema Therapy: A Practitioner's Guide*)。紐約：吉爾福德出版社。

國家圖書館出版品預行編目（CIP）資料

重建安全感的 25 個練習：療癒關係中的焦慮不安，給自己永恆的幸福 / 蜜雪兒．史金 (Michelle Skeen) 著；王冠中譯. -- 二版. -- 新北市：橡實文化出版：大雁出版基地發行, 2025.03
面；　公分
譯自：Love me, don't leave me：overcoming fear of abandonment and building lasting, loving relationships.
ISBN 978-626-7604-33-5(平裝)

1.CST: 人際關係 2.CST: 行為治療法

177.5　　　　　　　　　　　　　　114000525

BC1076R

重建安全感的 25 個練習：
療癒關係中的焦慮不安，給自己永恆的幸福

Love Me, Don't Leave Me:
Overcoming Fear of Abandonment and Building Lasting, Loving Relationships

作　　者	蜜雪兒・史金（Michelle Skeen, PsyD）
譯　　者	王冠中
責任編輯	田哲榮
協力編輯	劉芸蓁
封面設計	斐類設計
內頁構成	歐陽碧智
校　　對	蔡昊恩

發 行 人	蘇拾平
總 編 輯	于芝峰
副總編輯	田哲榮
業務發行	王綬晨、邱紹溢、劉文雅
行銷企劃	陳詩婷
出　　版	橡實文化 ACORN Publishing
	地址：231030 新北市新店區北新路三段 207-3 號 5 樓
	電話：02-8913-1005　傳真：02-8913-1056
	網址：www.acornbooks.com.tw
	E-mail 信箱：acorn@andbooks.com.tw
發　　行	大雁出版基地
	地址：231030 新北市新店區北新路三段 207-3 號 5 樓
	電話：02-8913-1005　傳真：02-8913-1056
	劃撥帳號：19983379　戶名：大雁文化事業股份有限公司

印　　刷	中原造像股份有限公司
二版一刷	2025 年 3 月
定　　價	420 元
I S B N	978-626-7604-33-5

（原書名：《猜疑、掌控、緊黏，為何你總是缺乏安全感？療癒關係中五大負面信念，終結「被遺棄」的恐懼》）

版權所有・翻印必究（Printed in Taiwan）
如有缺頁、破損或裝訂錯誤，請寄回本公司更換。

LOVE ME, DON'T LEAVE ME: OVERCOMING FEAR OF ABANDONMENT AND BUILDING LASTING, LOVING RELATIONSHIPS by MICHELLE SKEEN, PSYD, FOREWORD BY WENDY T. BEHARY, LCSW
Copyright © 2014 by MICHELLE SKEEN
This edition arranged with NEW HARBINGER PUBLICATIONS through Big Apple Agency, Inc., Labuan, Malaysia. Traditional Chinese edition copyright © 2025 by Acorn Publishing, a division of AND Publishing Ltd. All rights reserved.